국립 목포해양대학교
MOKPO NATIONAL MARITIME UNIVERSITY
海洋文化政策硏究센터

청소년바다문고

4

해군과 손원일 제독

정진술 지음

KW 교우미디어

국립 목포해양대학교
MOKPO NATIONAL MARITIME UNIVERSITY
海洋文化政策硏究센터
청소년바다문고 • 4

해군과 손원일 제독

초판 인쇄 / 2015년 6월 5일
초판 발행 / 2015년 6월 10일

지은이 / 정진술
펴낸이 / 오상훈
펴낸곳 / 교우미디어
출판등록 / 제305-2011-000007호
주소 / 서울특별시 동대문구 약령시로 8 교우빌딩 2층
전화 / 925-2866(대표), 925-2825(편집부), 969-5762(홈쇼핑)
팩스 / 925-2860
이메일 / kyowoo@kyowoo.co.kr
홈페이지 / http://www.kyowoo.co.kr
북스토어(쇼핑몰) / http://www.kyowoo.co.kr

ISBN 979-11-85417-09-7 (44400)
979-11-85417-06-6 (세트)

값 **8,000**원

간행사

2014년 4월 16일은 우리 해양사에서 결코 잊혀지지 않을 비극의 날로 기록될 것이다. 그러나 이러한 비극적인 일이 바다에서 일어났다고 해서 우리가 바다를 경원시하거나 두려워해서는 안 될 것임은 분명하다. 지난 두 세대 동안 우리나라의 해양산업은 조선 세계 1~2위, 해운 세계 5~6위, 수산 세계 12~13위권으로 성장하였다. 그러나 해양계에서는 정부와 국민의 해양 인식이 매우 낮다는 사실을 지적하고, 삼면이 바다인 우리나라가 한 단계 도약하기 위해서는 바다를 적극적으로 이용하고 개척해야만 한다고 주장해 왔다. 이런 상황에서 발생한 '세월호' 사고는 우리 국민들의 배와 바다에 대한 인식을 기존 보다 더 악화시켜 버린 결정적인 계기가 될 것이다.

그러나 우리가 배와 바다를 멀리 하려해도 부존자원이 적고, 자체 내수 시장이 작은 우리의 현실에서는 배를 통해 원자재를 수입해서 완제품을 만들어 해외로 수출하지 않으면 안 되는 경제구조를 갖고 있다. 그러한 까닭에 우리는 배와 바다를 단순히 교통수단이나 교통로로 이용하는 데 그칠 것이 아니라, 연구하고, 도전하고, 이용하고, 투자하여 미래의 성장 동력이자 우리의 삶의 터전으로 삼지 않으면 안 된다. 이러한 사실을 기성세대에게 인식시키는 데는 많은 노력을 기울여야 하는 데 반해, 그 효과를 기대하기는 어렵다. 따라서 우리의 미래를 짊어질 다음 세대들에게 바다의 역사와 문화, 배와 항해, 해양 위인의 삶과 역사적 의미 등을 가르쳐 배와 바다를 아끼고, 좋아하고, 도전하고, 연구하는 대상으로서 자기 삶의 일부로 친근하게 느낄 수 있도록 교육하는 일이 무엇보다 중요하다. 왜냐하면 우리의 미래를 이끌고 갈 주인공이 청소년들이기 때문이다.

다른 분야와 마찬가지로 우리의 청소년들이 지식과 사고력을 기르는 기본 도구인 교과서에 해양 관련 기사가 매우 적다는 것은 익히 알려진 일이다. 그나마 교과서에 포함된 장보고나 이순신, 울릉도와 안용복 등의 기사도 교과서의 특성상 한 쪽 이상을 넘어가기는 매우 어렵다. 이러한 두 가지 점에 착안하여 우리의 미래를 이끌어갈 청소년들에게 교과서에서 미처 배우지 못한 배와 항해, 해양문학, 해양역사, 해양위인, 해양문학과 관련된 내용을 배울 수 있는 부교재로 청소년바다문고를 간행하게 되었다. 초등학교 고학년부터 고등학생에 이르기까지 국어, 국사, 사회 등의 교과서에 실린 바다 관련 기사의 내용을 보완하는 부교재로 널리 활용되기를 바라는 마음 간절하다. 이 청소년바다문고 시리즈가 간행되는 데 재정 지원을 해주신 트라이엑스(주)의 정헌도 사장님과, 도서출판 교우미디어의 오판근사장님과 편집부 직원들에게 감사의 말씀을 전한다.

2015. 새봄

국립목포해양대학교

해양문화정책연구센터

센터장 김 성 준

머리말

손원일(孫元一, 1909~1980) 제독(해군의 장관급 장교를 일컫는 말로 육군의 장군과 같음)은 우리나라 해군을 창설하는데 앞장섰으며, 6·25 전쟁 때 바다를 통해 나라를 지킨 애국자이다. 그는 독립운동에 몸 바치고 있던 아버지를 따라 중국에서 젊은 시절을 보냈다. 그래서 나라 없는 서러움을 뼈저리게 느꼈다.

손원일 제독이 눈을 감기 전에 마지막으로 남긴 말도 나라 없는 백성이 되지 말라는 것이었다.

"내 나라를 도로 찾으려고 고귀한 생명을 바친 우리 조상들의 사무친 한과 나라를 지키려고 싸우다 산화(꽃다운 목숨이 전장에서 죽음)한 장병들의 넋과 한을 잊지 말아야 한다. 나라 없는 서러움보다 더한 것은 없다는 것을 명심하고 다시는 내 조국을 남에게 빼앗기지 않도록 잘 지켜 주기를 간절히 바란다."

손원일 제독은 중국의 대학교에서 항해학을 공부하면서 우리나라가 독립되면 우리의 바다를 지키기 위해 해군을 만들겠다는 꿈을 키워 갔다. 대학교 졸업 후에는 상선을 타고 세계를 항해하면서 견문을 넓히고 선진국의 해양 지식을 배웠다. 마침내 일본이 항복하고 물러가자 조국에 돌아와 꿈에도 그리던 해군을 창설하게 되었다.

그러나 기쁨도 잠시 곧 6·25 전쟁이 일어났다. 다행히 손원일 제독 덕분에 우리는 북한보다 강한 해군력을 가지고 있어서 바다에서 적군을 물리칠 수 있었다.

손원일 제독은 6·25 전쟁 때 인천상륙작전과 서울탈환작전에 국군 최고 지휘관으로 직접 참전했다. 그는 여러 차례의 죽을 고비를 넘기면서 우리 해군과 해병대를 거느리고 위험에 처한 나라와 국민들을 구하는데 앞장섰다.

손원일 제독은 "국가와 민족을 위하여 이 몸을 삼가 바치나이다"라는 자신의 신념대로 그가 가지고 있던 모든 힘과 능력을 대한민국 해군의 건설과 국가에 바쳤다.

우리나라 최근의 역사에서 참다운 위인을 찾기란 쉬운 일이 아니다. 조선이 망한 후 우리나라는 일제강점기, 해방, 6·25 전쟁 그리고 민주화에 이르기까지 급격하게 변화하는 시대를 겪었다. 파란만장(물결의 움직임이 몹시 심한 것처럼 일의 진행에도 변화가 심함)한 그 시대에 올곧고 깨끗한 삶을 산다는 것은 아무나 할 수 있는 쉬운 일이 아니었다. 그러한 시대에 멋진 신사이자 대장부로서 깨끗한 삶을 살다 간 사람이 바로 손원일 제독이다. 그렇기 때문에 그는 오늘날 우리나라 해군의 아버지로 존경받고 있다.

사람이 젊어서부터 인생의 목표를 뚜렷이 새우고, 그 목표를 달성하고자 열심히 공부하며 노력하는 모습은 참 아름답다. 여러분은 이 책을 통해 손원일 제독의 삶에서 그러한 모습을 엿볼 수 있을 것이다. 또한 손원일 제독의 삶에서 여러분은 애국하는 길이 무엇이며, 그것이 얼마나 값진 삶의 목표가 될 수 있는가도 배울 수 있을 것이다.

이 책의 글을 쓰는데 『해군 창설의 주역 손원일 제독(상·하)』이 크게 참고 되었음을 미리 밝혀두며, 그 지은이들께 감사드린다.

2015. 새봄

정 진 술

차 례

1
유년시절

손원일 제독
출처 : 해군사관학교 박물관, 『박물관도록』, 16쪽

손원일은 1909년 음력 5월 5일에 아버지 손정도[1]와 어머니 박신일의 5남매 중 장남으로 태어났다. 그의 고향은 평안남도 강서군 증산면 오흥리로 평양에서 멀지않은 서해 바닷가 농촌이다.

원일이 태어나던 무렵, 우리나

1) 손정도(孫貞道, 1882~1931) : 목사, 독립운동가로 대한민국 임시정부 의정원 의장을 지냈다.

라는 멸망의 위기에 놓여 있었다. 청일전쟁과 러일전쟁에서 승리한 일본이 동양의 강대국이 되어 우리나라를 삼키려고 하기 때문이었다. 일본은 대한제국을 그들의 식민지로 만들기 위해 온갖 노력을 기울였다. 마침내 1905년 11월, 일본은 고종 황제를 협박하여 을사조약을 맺었다. 을사조약으로 대한제국은 일본에게 나라의 권리를 강탈당한 채 형식적인 이름만을 유지하는 나라가 되었다.

1910년 8월, 대한제국은 일본과 치욕적인 한일합방조약을 맺었다. 이로써 나라가 멸망했다. 이제 우리 국민들의 피나는 광복 투쟁의 역사가 본격적으로 시작되었다. 원일은 바로 이러한 민족적 재난 시기에 태어났다.

원일이 태어난 지 1년 후부터 우리나라는 일본의 식민지가 되어 주권도 없이 35년 간 암울한 시대에서 살수밖에 없었다. 원일은 나라를 되찾으려는 많은 독립운동가 가운데 한 사람인 아버지를 따라 국내 혹은 국외로 떠돌이 삶을 살아야 했다.

원일이 태어나던 1909년 당시, 아버지 손정도는 목

사가 되기 위해 서울에서 신학대학에 다니고 있었다. 어머니 박신일은 평양에서 원일의 누나들인 두 딸을 키우고 있었다. 어머니는 평양의 기독병원에서 잡역부로 일하면서 3명으로 늘어난 자식들을 혼자서 키울 정도로 생활력이 강하고 의지가 굳은 여인이었다.

원일이 태어난 지 1년 뒤에 아버지 손정도는 목사가 되었다. 아버지가 처음 맡은 곳은 고향과 가까운 평안남도 진남포 교회였다. 아버지는 타오르는 애국심과 나라를 빼앗긴 통분으로 열심히 활동했다. 1년 만에 아버지는 선교사로 뽑혀 만주로 갔다. 아버지는 만주 지방 여기저기에 흩어져 살고 있는 우리 동포들에게 기독교의 복음 전도 사업을 활발하게 펼쳤다. 이러한 복음 전도 사업은 사실상의 독립운동이었다. 얼마 지나지 않아서 아버지의 명성과 영향력은 커져만 갔고, 아버지는 일본 경찰의 감시 대상이 되었다. 결국 아버지는 체포되어 서울로 압송되었고 무서운 고문을 받았다. 그리고 삶의 공간이 전라남도 진도로 제한되었다.[2)]

---

2) 손원일, 「나의 이력서(2회)」, 『한국일보』, 1976년 9월 30일.

아버지는 진도에서 1년간의 귀양살이를 보냈다. 1914년에 서울로 돌아온 아버지는 동대문교회를 맡게 되었다. 이즈음 어머니와 함께 아직 평양에 살고 있던 원일에게 남동생이 태어났다. 가족이 모두 여섯 식구로 늘어난 이들은 서울로 이사했다. 아버지가 가족들을 서울로 불러들인 것이다. 이때부터 온 가족이 모처럼 한데 모여 살게 되었고, 원일의 기억 속에 남아 있는 어린 시절도 이때부터였다.

원일은 이듬해에 아버지가 정동교회의 담임목사로 부임하자 가족들과 함께 그 곳으로 따라갔다. 당시 정동교회 교인은 배재학당과 이화학당의 학생들이 대부분이었다. 학생들은 방과 후에 자주 정동교회의 목사관에 놀러와 원일을 마치 친동생처럼 귀여워해 주었다. 원일은 귀엽게 생겨 이화학당에 다니는 누나들로부터 많은 귀여움을 받았다.

원일의 정동생활은 그의 유년시절 가운데 가장 빛나던 때였다. 이화학당 주변과 배재학당 운동장은 유별난 개구쟁이였던 원일의 전용 놀이터나 다름없었다. 그는 운동이라면 무엇이라도 좋아했다. 큰 누나 진실과 작은 누나 성실은 모두 이화학당에 다녔다. 원일은 늘 혼자서 이화학당의 교문 근처에서 놀았다.

어린 시절의 원일은 고집이 세고, 남에게 지고는 못 베기는 아이였다. 술래잡기를 할 때도 어쩌다 술래에게 붙잡히게 되면 분을 참지 못하고 그 자리에 주저앉아 울음을 터뜨릴 정도였다.[3)]

원일이 영신소학교(지금의 초등학교)에 입학한 것은 정동교회로 이사온 지 2년째가 되던 여덟 살 때였다. 한 학년의 학생 수는 30명 정도였다. 방학 때면 아버지는 원일에게 아르바이트를 시키곤 했다. 미국인들의 정구장에서 공을 줍는 일이었다. 아버지는 원일에게 "사람은 일을 할 줄 알아야 한다. 나이가 어리다는 이유로 빈둥빈둥 놀아서는 안된다. 우리 민족이 나라를 잃은 것은 오로지 게으르기 때문이다"라고 말씀하셨다. 아버지의 첫 번째 교훈이었다.

영신소학교 시절의 1년은 유년기에 보낸 마지막 서울 생활이었다. 1918년 말, 원일의 가족은 평양으로

---

3) 손원일, 「나의 이력서(3회)」, 『한국일보』, 1976년 10월 1일.

이사했다. 아버지 손정도 목사가 '몸을 치료할 겸 좀 쉬겠다'는 이유로 정동교회 목사직을 그만두고 가족들을 데리고 평양으로 옮겼던 것이다.

손정도 목사의 가족사진
(왼쪽 아버지 바로 아래가 손원일)
출처 : 홍은혜, 『우리들은 이 바다 위해』, 8쪽

그러나 아버지가 평양으로 이사하게 된 숨은 이유는 독립운동 때문이었다. 이때는 제1차 세계대전이 끝나고 전쟁의 뒤처리를 위해 프랑스 파리에서 평화회의가 열리고 있었다. 독립운동가들은 그 회의에 민족대표를 밀사로 파견하여 일본의 침략행위를 세계만방에 고발할 계획이었다. 아버지는 밀사로서 그 계획에 참여하고 있었다.

원일의 가족은 평양 보통강(평양 북쪽에서 남쪽으로 흘러 대동강으로 들어가는 작은 강)가의 작은 집에 새로운 보금자리를 잡았다.[4)]

보통강 위로 보름달이 두둥실 떠오른 정월 대보름날 밤이었다. 원일은 동네 아이들과 어울려 강변에 나가 놀다가 밤이 이슥해서야 집으로 돌아왔다. 어머니는 아버지 옷에 엽전꾸러미를 매달아서 꿰매고 있었다. 그때 아버지가 두툼한 옷차림으로 밖에서 돌아왔다. 아버지는 그때까지 기다리고 있던 아이들의 머리를 쓰다듬어 주며 "내 잠깐 어디 좀 다녀올 테니 잘들 있거라"라고 하며 자리에서 일어났다.

그러더니 아버지는 이내 어둠 속으로 사라져 버렸다. 기약 없는 망명길에 나섰던 것이다. 아버지가 이웃에 잠깐 다녀오는 줄로만 알았던 원일은 한참 뒤에야 망명 사실을 알았다.

그 후 원일은 또다시 아버지 없이 어머니하고만 살아야 했다. 그때까지 그가 세상에 태어나 아버지와 함께 산 기간은 서울에서의 4년과 평양에서의 한 달이 전부였다.

며칠 뒤 아버지 손정도 목사의 중국 상하이 망명을

4) 손원일, 「나의 이력서(5회)」, 『한국일보』, 1976년 10월 5일.

눈치 챈 일본 경찰은 어머니를 끌고 가 무수한 매질과 함께 협박을 했다. 그러나 어머니는 남편의 망명을 모르는 일이라고 딱 잡아뗐다. 결국 어머니는 풀려났지만 그 뒤로 원일의 가족들은 형사들의 감시에 시달려야 했다.

1919년 초, 원일은 평양 광성소학교 2학년에 편입했다. 소학교 2학년이지만 같은 반에는 장가든 어른들도 있었다. 어느 날 담임선생님이 다른 학생 한 명과 함께 원일을 조용히 불렀다. 그러더니 "곧 독립운동이 시작된다. 3월 1일 평양에서도 만세를 부르게 된다. 그때 사용할 태극기를 함께 만들자"고 말했다. 원일은 비록 나이는 어렸지만 독립운동이 무엇인지 어렴풋이 알고 있었다.

담임선생님은 원일을 교회 목사의 집 으슥한 헛간으로 데려가 함께 태극기를 만들었다.

드디어 3월 1일 민족대표들이 서울에 모여 독립선언서를 낭독했다. 낭독이 끝날 무렵 군중 속에서 "대한독립만세!" 소리가 터졌다. 고종 황제의 국장에 참석하기 위해 모여든 학생과 농민·상인 등 남녀노소를 막론하고 수많은 사람들이 만세시위 대열에 가담했다. 시위대는 서울 시가지를 누비며 대한독립만세를 외쳤다. 만세시위운동은 가을 들판의 불길처럼 무서운 기세로 전국으로 번져 나갔다.

평양에서도 만세시위의 날이 밝자 학생과 시민들이 대동문 앞 네거리로 모여들기 시작했다. 정오가 되자 네거리는 이미 사람들로 꽉 차 있었다. 원일은 품에 감춘 태극기를 사람들에게 나누어 주었다. 누군가가 "대한독립만세!"를 외쳤다. 때를 기다렸다는 듯이 군중은 삽시간에 거대한 물결을 이루어 평양의 시가지 쪽으로 흐르기 시작했다. 당황한 헌병과 경찰은 소방 호스로 찬물을 쏘아대며 진압에 나섰다. 그때 군중의 맨 앞줄에 섰던 원일과 어린 학생들은 물벼락을 뒤집어쓰고 골목으로 도망쳤다. 만세는 늦은 밤까지 계속되었다. 만세운동은 어린 원일의 마음에 후련한 느낌을 안겨줬다.[5)]

일본의 침략에 맞서 맨손으로 저항했던 우리 민족의

5) 손원일, 「나의 이력서(7회)」, 『한국일보』, 1976년 10월 7일.

만세운동은 세계에서도 그 유래를 찾아볼 수 없다. 전국 방방곡곡으로 번진 만세운동에 놀란 일본은 군대, 헌병, 경찰을 모두 풀어 시위자들을 무자비한 방법으로 탄압했다.

'3·1운동'은 당장 독립을 이룩하는 효과를 가져오지는 못했지만 우리 민족의 독립운동을 한 차원 높이는 계기가 되었다. 또한 강압적인 폭력으로만 다스리던 일본을 문화적으로 다스리는 쪽으로 바꾸도록 했다. 뿐만 아니라 세계 약소민족국가들의 민족운동을 드높이는 효과도 가져왔다.[6]

광성소학교 시절의 원일은 장난을 매우 좋아했다. 안 해본 장난이 없을 정도였다.

하루는 주인 몰래 당나귀를 타다가 떨어져서 까무러치는 바람에 한동안 일어나지 못했던 적도 있었다. 다행히 함께 갔던 친구들의 부축으로 간신히 집까지 돌아올 수 있었지만, 이튿날은 학교에 가지도 못하고 하루 종일 누워 있어야 했다.

---

6) 한영우, 『다시찾는 우리역사』, 500쪽.

또 참새잡이도 선수였다. 원일은 긴 장대 끝에 참새떡이라는 끈끈이를 바른 뒤 그것으로 참새를 잡곤 했다. 어느 날 숲속에 쪼그리고 앉아 나뭇가지 사이로 장대를 들이밀어 참새가 장대에 옮아앉기를 눈이 빠지게 기다리고 있었다. 그때 누군가가 등 뒤에서 원일의 어깨를 움켜잡았다. 원일은 "이놈아 놔라!"하고 버럭 화를 냈다. 그러자 "네 이놈"하는 호통이 떨어지는데, 돌아보니 무섭기로 유명한 한문선생님이었다. 한문선생님에게 혼이 난 것은 말할 것도 없다.

가끔 친구들과 포도 서리도 했다. 아버지를 도와준 문요한[7] 목사의 별명이 문맹꽁이였는데 커다란 포도밭을 가지고 있었다. 원일은 친구들과 함께 문 목사의 포도밭에 들어가 서리를 하다가 그만 붙들려 새끼줄에 꽁꽁 묶여 혼이 난 적도 있다.

그런가 하면, 보통강가의 중국인 채소밭에서 무를 뽑아 먹다 들켜 도망치다가 발에 유리조각이 박혀 한 달 동안 고생한 일도 있었다.

---

7) 문요한(1874~1963) : 나이 29세 때인 1903년에 미국 감리교회 선교사로 조선에 와서 선교활동을 했다.

이처럼 장난꾸러기였던 그는 목사의 아들임에도 교회에 잘 나가지를 않았다. 마지못해 나갔다가도 어느 틈엔가 몰래 도망쳐 나왔다. 그래서 교회 유년부 선생님은 그에게 출석부를 맡겼다. 그가 책임감이 강하다는 것을 알고 예배가 끝날 때까지 꼼짝없이 남아 있도록 하기 위해서였다.[8)]

원일은 특히 운동에 남다른 소질이 있었다. 배구, 농구, 야구, 축구 등 모두 잘했다. 그 중 제일 좋아한 것은 축구였다. 축구는 그 당시 가장 인기 있는 운동이었다.

광성소학교에는 학교에서 만든 운동부가 아닌 학생들끼리 모여서 하는 축구부가 조직되어 있었다. 학교에서는 학업에 방해된다는 이유로 축구부 활동을 못하게 했다. 원일은 이 축구부의 일원이었다.

그즈음 평양에서 서선(西鮮 : 서부 조선의 준말로 평안도와 황해도 일대를 일컬음) 유년축구대회가 열렸다. 각지에서 10여 개 팀이 출전했고, 원일이 소속된 축구부도 학교 몰래 비밀리에 출전 신청을 했다. 광성소학교 팀은 승

8) 손원일, 「나의 이력서(8회)」, 『한국일보』, 1976년 10월 8일.

승장구 다른 팀을 물리치고 우승을 차지했다. 우승기를 들고 기뻐하는데, 한편으로 걱정도 됐다. 학교에서 금지하는 축구부를 만들어 시합에 출전까지 했으니 야단날 일이었기 때문이다. 그러나 크게 야단을 칠 줄 알았던 담임선생님은 오히려 선수들을 껴안고는 잘했다고 칭찬을 하며 선수 전부를 요릿집으로 데리고 가 크게 한 턱을 냈다.

당시 축구가 인기를 얻기 시작한 이유는 서울과 평양 간의 축구 대항전 열기 때문이었다. 어느 해인가 평양 숭실전문학교 운동장에서 시합이 있었다. 그 시합에는 당시 유명한 신국권 선수가 중국 상하이 축구팀을 이끌고 참가하여 친선경기를 벌이기도 했다. 이미 중국뿐 아니라 국내에서도 명성이 자자하던 신국권은 골문 앞에 떠오른 공을 헤딩슛으로 넣는 등 갖가지 묘기를 선보였다. 그것은 원일에게 신선한 충격이었다. 축구는 발로만 차는 것인 줄 알았던 원일과 관중은 한동안 벌린 입을 다물지 못했다. 신국권은 뒤에 원일의 둘째 매형이 되었다.[9)]

3·1운동이 일어난 지 한 달쯤 뒤인 1919년 4월 중

국 상하이에서는 대한민국 임시정부가 수립되었다. 원일의 아버지 손정도 목사는 임시정부 최고지도자의 한 사람으로서 의정원(지금의 국회) 의장 직책을 맡아 일했다. 목사가 아닌 독립운동가로서의 삶이었다.

아버지의 상하이 망명과 3·1운동 이후 평양의 형사들은 매일같이 원일의 집을 들락거렸다. 이런 삼엄한 감시 속에서도 아버지는 가족들에게 꼬박꼬박 소식을 전했다. 그 일은 주로 독립군 연락원인 한 젊은이가 맡았다. 중국인으로 혹은 행상 차림으로 한밤중에 나타났다 소리 없이 사라지는 그야말로 바람 같은 존재였다. 그는 올 때에는 아버지의 소식을 가져왔고, 돌아갈 때에는 국내 애국지사들이 모아 보내는 독립운동 자금과 연락문서 등을 가져가곤 했다.

1919년 말, 원일은 두 누나와 이별해야만 했다. 두 누나는 독립군 연락원을 따라 아버지가 있는 상하이로 갔다. 평양에는 어머니 외에 원일과 두 동생 등 네 식

---

9) 손원일, 「나의 이력서(9회)」, 『한국일보』, 1976년 10월 10일.

대한민국 임시정부 요인들(앞줄 왼쪽에서 네 번째가 안창호, 다섯 번째가 손정도)
출처 : 홍은혜, 『우리들은 이 바다 위해』, 30쪽

구만 남았다. 2년 뒤 만주 땅 지린(吉林)에서 다시 만날 때까지 원일의 가족은 이렇게 반반씩 나뉘어 살았다.[10)]

평양에 살던 두 딸이 상하이로 오자 아버지는 임시정부 건물에서 가까운 중국인 거리에 허름한 셋방을 얻어 함께 지냈다.

10) 손원일, 「나의 이력서(10회)」, 『한국일보』, 1976년 10월 12일.

원일의 큰 누나 진실은 상하이 생활 1년 만에 여고를 졸업한 후 미국 유학길에 올랐다. 미국으로 건너가 자리를 잡은 두 삼촌들이 학비를 책임지기로 했기 때문에 가능한 일이었다. 특히 여자도 남자처럼 교육을 받아야 한다는 아버지의 생각이 크게 작용한 때문이기도 했다.

상하이에서 여중을 다니던 작은 누나 성실은 당시 중국의 수도인 난징에 있는 여중으로 학교를 옮겼다. 작은 누나는 뒤에 아버지가 지린으로 떠난 후에도 이 학교를 계속 다녔다.

원일의 가족은 이처럼 미국으로, 난징으로, 지린으로 제각기 흩어져 살아야 했다. 교육을 위한 뜻도 있었겠으나, 독립운동가를 아버지로 둔 한 가족의 고난이었다.[11]

11) 손원일, 「나의 이력서(11회)」, 『한국일보』, 1976년 10월 13일.

2
독립운동가 아버지를 따라 중국으로

1921년 늦은 가을, 아버지 손정도 목사는 상하이 임시정부 의정원 의장 자리에서 물러나 지린으로 떠났다. 본업인 목사로 되돌아가 만주 동포들과 새로운 출발을 하기 위해서였다. 당시 지린에는 국내 곳곳에서 떠나온 동포들이 많았다. 만주 일대에 퍼져있는 독립군들도 수없이 지린을 드나들었다. 상하이가 독립운동의 지휘본부라면 만주 일대는 야전장이었으며, 지린은 야전사령부쯤 되는 곳이었다.

이때, 원일은 광성소학교 4학년 졸업반이었고, 어머

니와 두 동생과 함께 평양에서 살고 있었다. 그 해 겨울 어느 날 원일은 가족들과 기차를 탔다. 아버지가 가족들을 만주로 불러들인 것이다. 3년 동안 떨어져 살던 아버지 곁으로 가기 위해 그들은 낯선 만주 땅으로 향했다. 일본 경찰의 감시를 피해 도망치듯 떠나는 길이라 짐꾸러미도 간단했다. 원일의 가족을 실은 기차는 밤낮없이 눈발이 휘날리는 만주 벌판을 달리고 또 달렸다.

낯선 지린역에 내린 원일의 가족은 한쪽 구석에서 아버지를 기다리고 있었다. 얼마 후 중국인 남자 옷차림을 한 사람이 그들 쪽으로 다가왔다. 원일은 그 남자가 누구인지를 한눈에 알아봤다. 바로 아버지였다. 3년 만에 보는 아버지여서 그런지 동생들은 낯설어 했다.

아버지는 3남매를 번갈아 끌어안으며 볼을 비볐다. 그들은 마차를 타고 어느 교회 앞에 멈춰 섰다. 그 곳은 아버지가 임시로 머물고 있던 중국인 교회였다.

만주의 겨울은 춥고 길었다. 3월인데도 날씨는 한겨울이었다. 원일은 집에서 멀지 않은 유원(毓文, 육문)중학교에 입학했다. 기후·풍습·언어 등 모두가 낯선 이

원일이 2학년으로 전학한 원광중학교는 모든 학생이 기숙사 생활을 해야 했다. 학교에서는 학생들에게 운동을 하도록 권장했다. 원일의 성격에 딱 알맞은 학교였다. 학생들은 모두가 정구, 축구, 야구 등의 부원이었다. 이미 유원중학교 때부터 소문났던 원일의 뛰어난 운동 실력은 이 학교에서도 금방 인정을 받아 그는 운동부장으로 뽑혔다. 원일은 운동부장 외에 정구부 반장도 맡았다. 그는 운동 솜씨로 중국 학생들의 기를 눌렀는데, 이로 인해 중국 학생들로부터 시기를 받기도 했다.

하루는 정구장에서 열심히 뛰고 있는 그에게 중국 학생 서너 명이 다가와 라켓(정구공을 치는 기구)을 빼앗으며 "가오리(중국인이 우리나라를 일컫는 말) 망국노(망하여 없어진 나라 사람)가 무슨 정구냐?"고 시비를 걸었다. 당시 중국인 학생들이 조선인 학생들을 놀리는 흔한 수법이었다. 그는 순간적으로 피가 거꾸로 솟구쳤다. 라켓을 다시 빼앗은 후 그 중국인 학생을 흠씬 두들겨 패줬다. 화가 풀릴 때까지 패주고 기숙사로 돌아온 그에게 학감이 달려와서 추궁했다.

원일은 솔직하게 말했다.

"다른 말은 몰라도 망국노라는 말은 절대 용서할 수 없었습니다."

그러자 듣고 있던 중국인 학감은 오히려 두들겨 맞은 중국인 학생을 나무란 후 학생 모두를 모아 놓더니 "다시는 조선인 학생들을 망국노라고 부르지 말라"는 훈계까지 했다.

당시 만주의 한국인과 중국인들은 서로 업신여기는 풍조가 있었다. 한국인들은 목욕을 자주 안하는 중국인들을 더럽다고 욕했고, 중국인들은 개를 잡아먹고 밥솥에다 빨래를 삶는 것이 깨끗한 것이냐고 응수했다.

원광중학교 기숙사는 이의 소굴이었다. 방 하나에 5~6명이 함께 지내는데 마룻바닥에 이불을 깔고 비좁게 자야했다. 입학할 때 가져온 이불은 대개 졸업할 때까지 깔려있게 마련이어 불결하기 짝이 없었다. 입은 옷도 주1회 갈아입는 사람이 빠른 편이었다. 토요일 오후 원일이 집에 돌아오면 어머니는 아예 그를 방안에 들어서지 못하게 하고 밖에서 옷부터 갈아입혔다. 이런 형편이었지만 열여섯 살짜리 소년 원일은 기

숙사 생활이 매우 즐거웠다.[4)]

원일이 원광중학교로 옮긴 후 얼마 지나지 않아, 아버지 손정도 목사는 지린 성밖에 한국인교회를 세웠다. 동포들의 힘이었다. 아담한 목사관도 딸려 있었다. 1929년 지린을 떠날 때까지 원일의 가족은 그 곳에서 살았다.

당시 만주의 간도(間島) 지방을 중심으로 한 만주 일대에는 약 200만 명의 동포들이 흩어져 살고 있었다. 그러나 이들을 보호할만한 인물도, 이끌어 줄만한 세력도 없는 처지였다. 더욱이 일본은 만주에서의 독립운동 세력을 뿌리 뽑기 위해 중국 사람으로 만주를 다스리고 있는 자에게 압력을 넣어 우리 동포들을 못살게 굴었다. 독립운동가들은 툭하면 엉뚱한 절도, 강도, 살인 등의 누명으로 체포되고 있었다.

아버지가 지린을 선택해서 정착하고자 한 것은 이 같은 동포들의 형편 때문이었다. 그는 동포들을 우선 신앙으로 뭉치게 하고, 억울한 사정이 있을 때 관청

4) 손원일, 「나의 이력서(14회)」, 『한국일보』, 1976년 10월 17일.

출입을 대신해 주는 등 목사와 변호사 역할을 동시에 맡아냈다.

교회는 어느덧 지린 일대 동포들이 편히 쉴 수 있는 곳이 됐다. 신도수도 점점 늘어만 갔다. 교회는 의지할 곳 없던 동포사회의 구심점으로 자랐던 것이다. 자연스럽게 아버지 손 목사는 동포사회의 정신적 지도자로 떠오르게 되었다.

당시 만주에 살던 우리 동포들은 너나 할 것 없이 대부분 가난에 찌들어 있었다. 원일의 아버지 역시 남을 돕기에 충분하지는 않았으나 누구든지 찾아오면 거절하지 않았다. 이때문에 가장 고생이 많은 사람은 어머니였다. 항상 오고가는 독립군들은 수시로 수십 명씩 찾아 들었고, 어머니는 그때마다 부엌에 있는 큰 가마솥에 밥을 그득히 지어 그들이 배불리 먹고 떠날 수 있게 했다.

그들은 언제나 '연락쪽지' 한 장을 내밀고는 배불리 먹고 갔다. 배불리 먹고 여비가 없으면 아버지에게 부탁을 했다. 아버지는 어떤 경우에도 거절을 하지 않았다. 언젠가 아버지는 자식들에게 이렇게 이야기했다.

"누가 돈을 빌려 달라고 해서 빌려줄 때는 받을 생각을 말고 주어라. 돈을 다시 받으려 하면 돈과 함께 친구마저 잃게 된다."

이 무렵 어머니의 고생은 극심했다. 얼마 안 되는 수입으로 동포들을 위해 헌신하는 아버지를 도우며, 자녀들의 학비와 생활비를 꾸리기에 여념이 없었다.

어머니는 자녀들의 학비며 생활비를 벌기 위해 정미소에서 날품을 팔았다. 곡식의 낟알에서 돌을 고르는 일이었다. 어머니는 무서운 만주의 추위를 무릅쓰고 종일토록 쪼그리고 앉아 일했다. 한밤중에 집에 돌아와 저녁을 먹지 못하는 때가 많았다. 팔과 다리가 추위에 얼어 움직일 수도 없었기 때문이다.

어느 날 한밤중에 손님이 닥쳤다. 간도쪽에서 어디론가 이동해가던 독립군부대였다. 이때 원일의 집에는 쌀이 떨어져 없었다. 돈도 없었다. 추위와 배고픔에 떨고 있는 독립군을 본 어머니는 어디론가 나갔다. 어머니는 쌀을 구해 왔고, 반찬도 푸짐하게 장만해 그들을 잘 대접해 보냈다. 그들이 떠나간 뒤 아버지는 어머니의 정성에 무척 고마워했다.

원일의 어머니는 이처럼 고생을 하면서도 다섯 남매를 흠없이 잘 길러냈다. 원일은 어머니를 생각할 때마다 이 나라의 대표적인 어머니상으로 늘 자랑하고 싶어 했다.[5)]

원일이 원광중학교 졸업반으로 올라간 직후였다. 아버지는 원일에게 '공부를 잘할 경우'라는 조건을 붙여 베이징으로 유학을 보내 주겠다고 약속했다. 그 당시 원일은 워낙 운동에만 열심이다 보니 학업 성적은 중간을 밑돌았다.

아버지로부터 베이징 유학 소리를 듣고 난 그때부터 원일은 무서우리만치 공부에 몰두했다. 가족들은 원일에게 의과대학 진학을 원했고, 학교 측은 미술대학을 권유했다. 미술에 다소 소질이 있었지만 "일본인들 밑에서 굽실거리지 않으려면 특별한 기술을 익혀야 한다"는 어머니의 간곡한 권유로 원일은 의과대학을 목표로 정했다.[6)]

---

5) 손원일, 「나의 이력서(15회)」, 『한국일보』, 1976년 10월 19일.

6) 오진근 · 임성채, 『해군 창설의 주역 손원일 제독(상)』, 64-65쪽.

한 방에 여러 명이 생활하는 기숙사에서는 소등시간이 넘으면 동료들에게 미안해 더 이상 공부를 할 수 없었다. 그래서 커튼을 만들어 옆자리로 가는 불빛을 차단하고 늦은 밤까지 공부했다. 그동안 운동으로 단련된 몸이라 잠이 모자라도 별 탈 없이 견딜 수 있었다. 2학기에 접어들자 갑자기 성적이 올라 당당히 1등을 차지했다. 한번 마음먹은 일은 기필코 해내고야마는 그의 성격이 작용한 결과였다. 학교에서는 일약 화제의 주인공이 됐다.

베이징 유학이 눈앞에 왔을 무렵, 원일에게 뜻밖의 일이 벌어졌다. 갑자기 눈병에 걸린 것이다. 눈이 벌겋게 충혈 되면서 붓기 시작하더니 나중에는 진물까지 흘렀다. 책을 볼 수 없을 정도로 악화돼 약이란 약을 다 써도 좀처럼 낫지 않았다. 어두운 조명 아래 매일 밤을 새우다시피 하면서 눈을 혹사시킨 게 주요 원인이었다. 졸업 때가 다가와도 그 증세는 나아지지 않았다. 결국 그는 베이징 유학을 포기해야 했다. 그렇게 눈병을 앓은 뒤, 그는 평생 도수 높은 안경을 끼게 됐다. 그의 나이 17세 때의 일이었다.

이때 원일이 눈병이 나서 베이징 유학을 포기한 것은 개인적으로 큰 불행이었다. 그러나 민족의 장래를 위해서는 오히려 다행한 일이었다. 이로 인해 그는 베이징이 아닌 상하이에서 항해학을 공부하게 됐고, 훗날 대한민국 해군을 창설하여 결국 나라를 위기에서 구해냈기 때문이다.

이 무렵 아버지의 교회 안에는 소학교(지금의 초등학교)에 가지 못한 동포 어린이들을 가르치는 공민학교(초등 교육을 받지 못한 사람에게 국민 생활에 필요한 보통 교육을 시키는 학교) 성격의 유치원이 있었다. 무료한 나날을 보내던 원일은 유치원 아이들에게 우리말과 중국어, 산수, 음악, 체육 등 여러 과목을 가르쳤다.

원일은 지린교회에서 6개월 동안 유치원 아이들을 가르치다가 상하이로 유학을 떠났다. 1926년 가을의 일이다.

국제도시 상하이는 전혀 딴 세상이었다. 지린에서 온 시골소년의 눈엔 외국이나 다름없었다. 실제로 외국 사람들이 많기도 했지만 같은 중국 땅인데도 중국말이 잘 통하지 않았다. 만주에서 배운 말만으로는 어

원일은 벌떡 일어나 기숙사를 나섰다. 해군이 되야겠다고 생각했다. 그 길로 그는 하루 종일 이 사람 저 사람을 만나 해군이 되는 길을 수소문했다. 결과는 다소 실망스러웠다.

당시 중국 해군은 푸젠성(福建省) 출신들이 장악하고 있었는데, 푸젠성 출신이 아니면 성공을 보장할 수 없다는 것이었다. 중국 사람들조차도 해군 지원을 꺼리고 있었다. 그러니 원일은 엄두를 낼 수 없었다.

원일은 다른 방법을 찾았다. 해군이 아닌 다른 곳에서 항해술을 배우는 방법이었다. 당시 상하이에는 국립 중앙(中央, 중앙)대학교에 항해과가 있었다. 중국 정부는 해양 진출이 더딘 것을 만회하기 위해 중앙대학교에 항해과를 설치했다. 학생들 모두가 국비 장학생이었다.

때마침 중앙대학교에서 신입생을 모집한다는 신문광고가 났다. 원일은 주저없이 지원했다. 당시 중국에 있던 조선 학생들이 일반적으로 그랬던 것처럼, 그는 자신의 국적을 중국으로 기록했다. 그때 중국 학교에서는 말이 통하고 주소가 중국이면 다른 것은 더 이상

따지지도 않았다.

경쟁률이 상당히 높았지만 원일은 60명 선발에 당당히 합격했다. 해군이 되려 했던 원일이 대학생이 된 것이다. 신입생은 모두 학교 기숙사에서 생활했다. 양쯔강(揚子江)을 오가는 배들이 훤히 보이는 곳에서 원일은 대학 생활을 시작했다.

이 학교는 4년제 정규대학이었다. 3년간은 학습을 하고, 1년간은 실제 배를 타고 항해 실습을 했다.

원일에게 항해과의 교과 내용은 따라가기 힘들 정도였다. 그는 남에게 뒤질세라 열심히 공부했지만 늘 벅찼다. 시골학교와 도시학교 간의 학습 수준 차이때문이었다. 원광중학교에서 수석을 하던 '지린 수재'의 콧대가 입학 초부터 여지없이 꺾이고 말았다. 그중에서 가장 어려운 과목은 수학이었다. 수학은 항해술에 꼭 필요한 학문이었지만, 교수들은 그가 전혀 보지도 듣지도 못한 미분·적분을 이미 배운 것으로 간주하고 가르쳤다.

원일은 생각다 못해 퉁지대학교의 서재현을 찾아갔다. 퉁지대학교도 중앙대학교와 같은 지역에 있었다.

공과 대학생인 서재현에게 수학은 전공이나 다름없었다. 그는 원일의 사정 얘기를 다 듣고 나더니 자기가 수학을 가르쳐 주겠다고 했다. 원일은 학교공부가 끝나면 서재현에게 달려가 수학을 보충 학습했다. 여러 달 동안 꾸준히 노력한 결과 원일의 수학 실력이 월등히 좋아져 낙제 위기를 벗어날 수 있었다.[7)]

이무렵 지린에 있던 아버지 손정도 목사는 숙원이던 농업공사를 본격적으로 시작했다. 만주의 동포들을 한 곳에 모아 정착시키면서 훗날에 대비하자는 사업이었다. 일종의 독립운동 후방기지였던 셈이다. 아버지는 지린에서 약간 떨어진 어무센(額穆縣, 액목현)에 농토를 사놓았다. 넓이는 3천 일경(日耕)이었다. 농부 한 사람이 하루 동안 갈이를 할 수 있는 넓이가 1일경이므로 굉장한 넓이였다. 이 땅을 사기 위해 아버지는 고향 강서에 있던 막대한 유산을 모두 팔았고, 일부 부족한 것은 만주 일대의 애국지사와 농민들을 상대로 자금을 모았다. 아버지는 이렇게 산 땅을 동포들에게 나누어

7) 손원일, 「나의 이력서(18회)」, 『한국일보』, 1976년 10월 22일.

주어 농사를 짓게 했다.[8)]

상하이 중앙대학교 시절의 손원일
출처 : 홍은혜, 『우리들은 이 바다 위해』, 10쪽

대학 시절은 누구에게나 인생의 황금기이다. 원일은 당시로서는 미개척 분야인 항해학을 공부하면서 언젠가는 조국에 기여할 날이 오리라는 확신을 가지고 있었다. 그러나 중국인 동료 학생들은 자세가 달랐다. 열심히 공부하려는 학생들이 드물었다. 당시 중국은 우리나라보다 훨씬 앞서서 서양 문물을 받아 들였고, 대학 역시 상당한 수준이었지만 해양 분야만은 유달리 뒤처져 있었다. 대부분의 중국인들은 바다에 큰 관심을 두지 않았다. 그때 원일과 함께 입학한 60명 중 끝까지 남아 졸업한 학생은 11명밖에 안됐다.

상하이 유학 시절, 원일의 기억에 남는 것들 중 하나는 애국지사 안창호 선생의 연설이었다. 타국에서

8) 손원일, 「나의 이력서(19회)」, 『한국일보』, 1976년 10월 24일.

홀로 학업에 몰두하는 청년 원일에게 우리 민족의 정신적 지도자인 안창호 선생의 한마디 한마디는 마음을 사로잡는 힘이 있었다.

안창호 선생은 날마다 '하지 말 것' 두 가지를 말했는데, 그 것은 '놀지 말 것', '속이지 말 것'이었다. 또 날마다 '지킬 것' 다섯 가지를 말했다.

1. 시간을 지킬 것
2. 질서를 지킬 것
3. 분수를 지킬 것
4. 약속을 지킬 것
5. 예의를 지킬 것

이 다섯 가지를 잘 지키는 국민이 진정 문명인이며, 살기 좋은 나라를 만들 수 있는 실력있는 국민이라고 했다. 또한 모든 사람에게 존경받고 싶은 사람, 자기 자신이 잘되기를 원하는 사람, 인간으로서 최고의 도덕심을 갖추기 원하는 사람은 큰 일이나 작은 일이나 자신이 맡은 일에 최선과 정성을 다해야 한다고 강조했다.

안창호 선생은 시간을 잘 지키는 사람으로 유명하다. 언제나 약속시간보다 10분 전에 도착해 조용히 책을 읽고 있었으며, 평생 동안 성실과 근면으로 살았다.

안창호 선생의 이러한 말과 행동은 동포들의 귀감이 되었고, 원일의 인격 형성에도 많은 영향을 주었다. 원일은 그가 이끄는 독립운동 단체인 흥사단 모임에도 나갔다.[9)]

원일은 기숙사 동료들과 함께 양쯔강 강변을 자주 산책했다. 한번은 호젓한 강변 바위 위에 한 젊은 여자가 곧 강물에 뛰어들 듯한 자세로 서있는 것을 발견했다. 원일과 함께 산책하던 일행은 "참으시오"하고 큰 소리를 질렀다. 그러자 그녀는 품에서 칼을 빼들고 "가까이 오지 말라"고 위협했다. 원일은 주춤거리는 일행을 뒤로하고 몸을 날려 그녀의 손에서 칼을 뺏어 던진 후 번쩍 안아 길가에 내려놓았다. 불과 몇 초 만

---

9) 홍은혜, 『우리들은 이 바다 위해』, 89-90쪽.

에 이루어진 행동이었다. 원일 일행은 발버둥치며 울음을 터뜨리는 그녀를 경찰에 인계했다. 다음날 신문을 보았더니 원일이 구해 준 그 여자는 대학생이었는데, 학자금이 떨어진 것을 비관해 강물에 몸을 던지려고 했다는 내용이었다.

바다로의 첫걸음

원일은 중앙대학교 3학년을 마친 후 졸업장 없는 졸업식을 했다. 남은 1년간은 항해 실습을 위해 학교를 떠나야 했고, 다시 모여서 졸업식을 하지 않기 때문이었다.

졸업식 후 원일을 비롯한 학생들은 학교를 떠났다. 각자 배정받은 배를 타기 위해서였다. 원일은 중국 정부에서 운영하는 자오상귀(招商局, 초상국)라는 선박회사로 갔다. 그가 탈 배는 상하이와 광둥(廣東) 간을 오가는 3000톤급 연안 화객선(화물과 사람을 함께 실어 나르는 배)이었다.

드디어 원일이 바다에 첫발을 내딛는 순간이었다. 그는 화객선의 선교에 올라섰다. 그 동안 배운 항해술을 실제로 익히고, 미래를 위한 그의 꿈을 실현하는 첫 걸음이란 생각에 원일은 가벼운 홍분을 느꼈다. 선장은 원일이 실습생이라 처음 얼마동안 아무런 일을 맡기지는 않았다. 그러나 머지않아 선장이 될 수도 있는 사람이었기 때문에 사관 대우를 해주었다.

처음 배 타던 시절의 손원일
출처 : 홍은혜, 『우리들은 이 바다 위해』, 11쪽

얼마가 지나자 선장은 원일에게 화물 적재를 관리하는 감독직을 맡겼다. 항해도 중요하지만 화객선이라 화물을 싣는 일 또한 그것 못지않게 중요했다. 그 배는 연안의 항구에 자주 들려야 했으므로 짐을 싣고 내리는 일이 잦았다. 만일 짐을 내리는 순서대로 정확히 싣지 않으면 앞의 짐을 내렸다가 다시 실어야 했다. 그 것은 선원들에게 크나큰 고통을 주게 된다. 더욱이

짐의 무게를 생각하지 않고 되는대로 실으면 항해 중에 배가 중심을 잃고 뒤집혀 엎어질 위험이 있다. 그렇기 때문에 짐을 싣고 내리는 일은 배를 알기 위한 첫 번째 과제였다.

원일의 감독 아래 화물을 실은 배는 남중국해 항해에 올랐다. 배가 항구를 떠나 큰 바다로 들어서자마자 원일은 처음 맞는 파도로 큰 홍역을 치렀다. 항구 안에서는 그렇게 커보이던 원일의 배도 큰 파도 앞에서는 한 잎의 낙엽이었다. 좌우로 앞뒤로 제멋대로 흔들리는 배 안에서 원일은 속이 울렁거려 정신을 차릴 수 없었다. 배가 첫 번째 들러야 할 항구에 도착할 무렵, 원일은 있는 대로 다 토한 뒤 선실 한 구석에 축 늘어져 있었다. 파도에 이미 적응된 선원들은 원일에게 몰려와 "짐을 풀지 않고 무얼 하고 있느냐"며 놀려댔다. 원일은 일어날 기력이 없었다. 그때 선장이 불러서 갔더니 빵을 꺼내주면서 먹으라고 했다. 원일은 도저히 먹을 수가 없어서 손을 내저으며 거절했다. 선장은 억지로라도 먹어 두라며 재촉했다. 빵은 큰 효험이 있었다. 빵을 먹은 뒤부터 원일은 신통하게도 속이 편해졌다. 호된 승선 신고식을 치른 원일은 그 후로는 뱃멀미를 하지 않게 되었다.

실습이 거의 끝나갈 무렵이었다. 때마침 중국 해군에서 고등 인재를 양성하기 위한 것이라며 해외에 내 보낼 항해사를 뽑는다는 소식이 들려왔다. 원양 항해를 하면서 세계를 돌아보는 게 꿈이었던 원일은 주저 없이 응시했다. 합격자는 원일을 포함해 모두 5명이었다.[10)]

원일은 중국 해군에서 배정한 대로 독일 함부르크에 본사를 둔 아메리카라인 상선 하벤슈타인(Havenstein)호를 타게 됐다. 그 배는 함부르크~지중해~수에즈 운하~인도양~싱가포르~요코하마~블라디보스토크 항로 곧 유럽과 동아시아를 오가는 상선이었다.[11)] 한번 왕복하는데 6개월이 걸리는 긴 항로였다. 하벤슈타인호는 수증기의 힘으로 움직이는 증기선으로, 시속 10노트[12)]의 속도를 내는 배였다. 배에 세탁 시설이 없어서

10) 손원일, 「나의 이력서(21회)」, 『한국일보』, 1976년 10월 28일.

11) 손원일, 「나의 이력서(22회)」, 『한국일보』, 1976년 10월 29일.

12) 1노트는 1시간에 1해리(1,852미터)를 달리는 속도. 10노트는 1시간에 약 19킬로미터를 달리는 속도.

항해 때마다 옷을 10벌 이상 준비해야만 했다.

선장을 비롯한 선원들은 모두 독일인이었다. 이때문에 원일은 자신 있는 중국어와 영어 외에 또 하나의 외국어로 독일어 공부를 해야 했다. 좁은 배 안에서 독일인들과 함께 지내다 보니 비교적 빠르게 독일어를 배울 수 있었다. 이때 배운 독일어는 원일이 훗날 독일대사가 되었을 때 요긴하게 쓰였다.

지금은 오대양 어느 곳을 가더라도 한국 선원들을 쉽게 만날 수 있지만 당시 동양인 선원은 극히 드물었다. 선원들은 스포츠에 능한 동양인 원일에게 관심을 갖고 말을 걸어왔다. 첫 항해에서부터 그는 배가 닿는 항구마다 상륙해 시내를 돌아다니며 그 나라의 문화와 풍습 등을 관심 있게 보았다. 세계의 견문을 넓힐 수 있는 좋은 기회였던 셈이다.

하벤슈타인호에서 잠시 생활하던 원일은 얼마 안되어 람세스(Ramses)호로 옮겨 타게 됐다. 람세스호는 1만 5000톤급 화객선으로 당시로서는 최신형이었다. 증기선에서 디젤 기관선으로 배가 바뀌게 된 것이다. 마치 프로펠러 비행기에서 제트기로 바뀐 것과 같았다. 람세스호는 속도도 시속 14노트로 빨랐고 시설도 훌륭했다.

뱃사람들이 대개 그렇듯이 배가 항구에 닿으면 여독을 푸는 것은 중요한 일이었다. 오랫동안 망망대해를 항해하다 보면 무엇보다 그리운 것은 사람과 육지이다. 다행히 람세스호는 여객 위주의 화객선이라 들르는 항구가 많았다. 누가 기다리는 것도 아니었지만 원일은 부두에 발을 디디는 날에는 그렇게 기분이 좋을 수 없었다.

1931년 2월 19일, 람세스호가 블라디보스토크(두만강 너머에 있는 러시아 항구)에서 함부르크로 돌아가기 위해 인도양을 항해하던 중이었다. 항해 당직을 끝낸 원일은 일찍 잠자리에 들었다. 그런데 밤새 이상한 꿈에 시달리느라 통 잠을 이룰 수 없었다.

다음날 아침, 원일은 무전실로부터 전문 한 장을 받았다. 바로 아버지의 사망 소식이었다.

원일은 망치로 뒤통수를 얻어맞은 듯했다. 눈물이 비 오듯 쏟아졌다. 언제, 어디서, 어떻게, 왜 돌아가셨는지를 전문상으로는 알 수가 없었다.

자신을 돌보지 않고 항상 나라와 동포들을 위해 평생을 바치신 아버지!

평소 아버지가 식구들에게 들려주던 인자한 한마디 한마디가 원일의 귓전을 울렸다.[13)]

원일의 나이 22세 때 일이었다.

항해 중이라 원일은 달려갈 방법도, 당장 소식을 전할 방법도 없었다. 답답하기 이를 데 없었지만 그는 가족들 곁으로 갈 수 없었다. 회사와의 계약기간도 아직 2년이나 더 남아 있었다.

아버지의 사망 소식을 들은 뒤로 원일의 항해생활은 더욱 진지해졌다. 그는 항해술에 관한 전문 지식을 익히는 데 몰두했다. 슬픔을 잊는 데는 그 것 외에 다른 방법이 없었다.

원일은 배가 들르는 곳마다 그 나라의 문물을 배우고 익히는 일에도 게으름을 피우지 않았다. 그런데 일본을 들를 때만은 달랐다. 일본에 대한 한국 사람들의 감정이 대부분 좋지 않듯이 원일도 마찬가지였다. 그

---

13) 손원일, 「나의 이력서(24회)」, 『한국일보』, 1976년 10월 31일.

는 일본 요코하마 항구에 들를 때는 상륙을 하지 않고 배에서만 지냈다.

그에게 가장 인상 깊었던 나라는 독일이었다. 함부르크에 도착하면 배가 출항하기 전까지 독일의 이곳저곳을 두루 여행했다. 제1차 세계대전의 상처를 완전히 극복하고 독일은 활기가 넘쳤다. 무엇보다 그는 독일 국민의 근면성에 깊은 감명을 받았다.

당시 유럽에서는 동양 사람을 보는 게 흔한 일은 아니었다. 그때문에 독일 거리에서 원일은 구경거리가 되곤 했다. 한 번은 동료들과 동물원 구경을 갔을 때, 수많은 어린이들이 원일의 뒤를 졸졸 따라와 고역을 치른 적도 있다.[14)]

1932년 말, 원일은 3년간의 원양항해사 생활을 끝내고 어머니와 두 동생이 있는 베이징으로 돌아왔다. 원일이 집을 찾은 것은 참으로 오랜만이었다. 어머니와 두 동생은 베이징 시내에 셋집을 얻어 살고 있었다. 아버지의 사망으로 가족들의 생활은 큰 어려움을 겪고

14) 손원일, 「나의 이력서(25회)」, 『한국일보』, 1976년 11월 2일.

있었다.

어머니는 여전히 억척스러웠다. 그 동안 갈 곳 없는 동포 학생들에게 밥을 잘 차려주는 아주머니로 소문나 있었다.

원일은 지린에 있는 아버지의 산소를 찾아가려고 했다. 그러나 그때는 이미 만주가 일본군 지배하에 들어가 있던 터라 지린에 가는 것 자체가 매우 위험한 일이었다. 결국 아버지의 산소를 참배할 기회를 갖지 못해 평생 동안 지워지지 않는 한으로 남았다.

가족들은 그 동안 원일이 보내준 돈과 결혼한 두 누나의 도움으로 그럭저럭 생활을 꾸려 가고 있었다.[15)]

원일은 얼마동안 가족과 함께 지낸 후 새로운 진로를 찾기 위해 다시 상하이로 갔다.

언제나 원일의 마음속에 자리 잡고 있는 것은 멋진 제복 차림의 해군이었다. 원일은 친구와 함께 중국 해군에 들어갈 수 있는 지 알아보았으나 어렵다는 것을 알았다. 결국 그는 해군 진출을 포기하고, 다시 중국

15) 오진근 · 임성채, 『해군 창설의 주역 손원일 제독(상)』, 80쪽.

정부가 운영하는 회사인 자오상귀를 찾아갔다. 경험 있는 우수한 사관이 부족하던 터라 일자리를 쉽게 얻을 수 있었다. 새로운 일자리는 연안 화객선의 부선장 겸 항해사였다. 배의 모든 살림과 사무를 맡아 처리하는 직책이었다. 큰 배를 몰고 대양을 누볐던 그로서는 기대에 차지 않는 일이었지만, 그는 이곳에서 2년 동안 일했다.

이 무렵 큰 누나는 결혼하여 서울에 살고 있었고, 작은 누나 역시 결혼하여 상하이에 살고 있었다.

1934년 여름, 원일은 서울의 큰 누나를 만나기 위해 휴가를 내어 배에서 내렸다. 그는 상하이에서 인천으로 가는 배를 탔다. 서울을 떠난 지 16년, 평양을 떠난 지 13년 만에 다시 찾는 고국 땅이었다. 인천항이 가까이 다가오자 그는 가슴이 벅차오르기 시작했다. 어려서 조국을 잃었던 '떠돌이'가 이제 청년이 되어 돌아오고 있는 것이다.[16)]

---

16) 손원일, 「나의 이력서(26회)」, 『한국일보』, 1976년 11월 3일.

일본 경찰의 혹독한 고문

16년이 흐른 서울의 모습은 너무 많이 변해 있었다. 원일은 참으로 오랜만에 큰 누나와 만났다. 그는 형용하기 힘들만큼 흥분된 가슴으로 조국의 공기를 맘껏 마시며 기분 좋은 나날을 보냈다. 그러면서도 혹시 아버지가 누구라는 것이 알려지면 귀찮은 일이 생길까봐 숨어 지내다시피 했다.

그러던 어느 날, 웬 낯선 사람이 큰 누나 집으로 들어섰다. 종로경찰서 형사라고 하면서 원일에게 같이 가자고 요구했다. 몇 가지 물어볼 말이 있다는 것이었다. 원일은 마도로스 생활밖에 한 것이 없는데 어떠랴 싶어 그를 따라나섰다. 도착한 곳은 종로경찰서였다. 숱한 독립운동가를 잡아다 갖은 고문을 가하고 우리 국민들을 탄압하는데 앞장섰던 '민족의 원부(사람들의 원한이 쏠리는 곳)', 그 곳에는 잔혹한 운명이 원일을 기다리고 있었다.[17)]

원일을 연행한 사람은 김의수라는 동포 형사였다.

---

17) 손원일, 「나의 이력서(27회)」, 『한국일보』, 1976년 11월 6일.

종로경찰서에 들어서자마자 그는 원일을 유치장에 처넣었다. 아무 설명도 없었고 취조도 없었다.

유치장은 대만원이었다. 새로 들어온 신참이라 변기 옆 구석이 원일의 자리였다. 겁도 났지만 답답해서 엉거주춤 앉아 있는데 문 앞자리에 앉은 노인이 원일을 불렀다. 노인은 이를테면 감방장(감방에서 대장노릇하는 죄수)이었다.

그 노인은 "넌 어디서 왔어?" 하고 물었다.

원일은 "상하이에서 왔습니다"라고 공손히 대답했다.

그러자 노인은 "어이구, 고생이 많으십니다. 그렇다면 정치범이신 모양인데…. 네, 이놈들 저리 비키고 냉큼 이쪽으로 모셔라"며 호통을 쳤다. 노인은 더 이상 묻지도 않고 원일에게 자기 옆자리를 내주었다.

그때 정치범들은 잡범들로부터 예우를 받았다. 정치범은 바로 독립운동가였기 때문이다. 상하이에서 왔다는 사실 하나만으로 원일은 독립운동가의 대우를 받은 것이다.

그제야 원일은 경찰로부터 어떤 혐의를 받고 있는지를 짐작할 수 있었다. '그들이 나를 임시정부의 비밀연락원쯤으로 보고 있는 게로구나'라고 생각하고 있는데, 형사들이 들어왔다. 그들은 원일을 지하실로 끌고 갔다.

희미한 전등이 밝혀 주는 지하실에는 의자 한 개와 몽둥이, 양동이만이 을씨년스럽게 놓여 있었다. 갑자기 형사가 악을 썼다.

"평양에서 너의 체포를 의뢰해 왔다. 너 같은 악질이 서울에 잠입했다는 걸 알지 못했다는 게 창피스럽다. 네 죄를 다 알고 있으니 순순히 자백하라."

원일은 어처구니가 없었다. 아무것도 모른다고 하자 발길질과 주먹이 날아들었다. 그들은 몽둥이도 휘둘렀다.

그들이 자백하라고 강요하는 내용은 '원일이 뤄양(洛陽) 군관학교를 나왔고, 비밀임무를 띠고 국내에 잠입했다'는 것이었다.

뤄양군관학교는 중국의 육군사관학교였다. 1933년 5월부터 우리 임시정부의 요청으로 조선광복군 장교를 육성하기 위한 특별반이 이 학교에 설치됐다. 그 후 뤄양군관학교 출신인 청년 한 사람이 고국에 들어왔다가 붙잡혔다. 그는 심한 고문을 견디다 못해 자기가 기억하는 중국 내의 한국 청년들의 이름을 모두 댄다는 것이 엉뚱하게도 원일의 이름을 끼워 넣었던 것이다. 형사들은 원일의 아버지 손정도를 봐도 능히 그럴만한 사람이라며 사실을 자백하라고 원일을 족쳐댔다.

종로경찰서에서의 심문은 1주일 간 계속되었다. 똑같은 질문과 똑같은 고문이 되풀이됐으나 하지 않은 일을 했다고 할 수는 없었다. 1주일이 지나자 원일은 평양에서 온 형사들에게 넘겨졌다. 그는 포승으로 꽁꽁 묶인 채 평양역에 내렸다. 꿈에도 그리던 고향 땅이었다. 원일의 몸은 스스로 추스르지 못할 정도로 이미 망가져 있었다.

평양의 형사들도 역시 경찰서의 지하실에 원일을 처넣었다. 잠시 후 일본인 형사와 조선인 형사가 들어와 옷부터 벗겼다. 12월의 추운 날씨였지만 춥다는 느낌은 잠시뿐이었다. 몽둥이와 가죽 채찍이 번갈아가며 몸을 휘감았다. 고문하는 일본 형사는 "맷집이 좋다"며 빈정거리더니 "너 이 자식, 네 애비가 하던 일을 계속해 왔지"하며 닦달해댔다.

심문 내용은 오로지 그것 하나뿐이었다. 그 이상의 다른 내용은 아무것도 없었다. 아버지가 하던 일이란 독립운동을 뜻했다. 원일은 가물거리는 의식 속에서 “무엇이 독립운동인지도 모른다. 당신들이 생각하는 그런 독립운동을 한 일이 없다”라는 말만 되풀이했다.

정신을 잃으면 알몸 그대로를 수돗가로 끌고 가 물을 부었다. 정신이 들면 이번에는 물을 먹였다. 물이 더 이상 들어가지 않으면 한 놈이 발로 배를 딛고 굴렀다. 그러면 뱃속에 들었던 물이 펌프처럼 입에서 쏟아져 나왔다. 그런 후 또 다시 물을 먹였다. 참으로 지독한 고문이었다. 원일은 ‘나를 죽이려는 것이구나, 이제 곧 죽겠구나’하는 생각뿐이었다.[18]

일본 경찰이 노린 것은 원일로부터 자백을 받아내는 일이지만, 자백을 못 받으면 병신이라도 만들어 내보내겠다는 속셈이었다. 원일은 그들이 독립운동가와 그 후손의 씨를 말리기로 방침을 세워놓고 있었다는 사실을 나중에야 알았다.

평양에서의 고문이 열흘쯤 계속되던 어느 날이었다. 독방에 희미하게 새어드는 햇빛에 의식을 되찾은 원일

18) 손원일, 「나의 이력서(28회)」, 『한국일보』, 1976년 11월 7일.

은 불현듯 '기왕 죽을 바에는 나 스스로 죽자'고 생각했다. 그는 누운 자세 그대로 두 손에 힘을 주어 목을 조르기 시작했다. 그 것은 쉽지 않은 일이었다. 끈이 필요했다.

마침 그때 원일의 방으로 죄수 한 명이 들어왔다. 사람이 그립던 터라 이런저런 이야기를 나누다가 혹시 끈이 있느냐고 물었다. 그 사람도 가지고 있는 끈이 없었다. 그 날 새벽 1시쯤 원일은 또다시 지하실로 끌려갔다. 새벽 1시의 호출은 말할 것도 없이 고문을 시작한다는 신호였다. 그 날 새벽까지 계속된 고문은 가장 혹독했다. 형사들은 왜 끈을 찾았느냐고 다그쳤다. 원일은 자신의 방에 들어왔던 사람이 바로 그들의 첩자였음을 그때서야 알 수 있었다. 무언가를 얻어내기 위해 그런 수법을 쓴 것이었다.

날이 밝을 무렵, 원일은 거짓을 불기로 결심했다. 자살도 불가능한 상태에서 고문을 받다 죽느니 차라리 그들이 원하는 대로 불어보자는 심산이었다. 범죄의 줄거리는 머릿속에서 금세 완성되었다.

형사들은 희색이 만면한 채 원일이 부르는 대로 받

아쓰기 시작했다. '조선총독부 요인을 살해하기 위해 폭탄을 제조했다. 종이에 백반으로 쓴 비밀지령을 가져왔다'는 등 제멋대로 지껄였다. 백반물로 글씨를 쓴다는 것은 소학교 시절 주워들은 이야기였다. 거짓이라도 자백을 했으므로 이제 고문을 덜 당할 것이라고 믿었으나 그 것은 잘못된 생각이었다. 이번에는 연루자를 대라며 족치기 시작했다. 연루자가 있을 리 없으니 댈 것도 없었다. 고문은 그 후에도 20여 일이나 계속되었다.

어느 날 취조실로 끌려 나갔을 때, 웬 신사가 원일에게 물었다. "자백이 정말이냐? 거짓이냐?"는 그의 질문에 원일이 모두 정말이라고 대답하니 더 이상 묻지 않았다. 다음날 또 나이 든 어떤 사람이 찾아와서 물었다. 그 사람은 "왜 하지도 않은 일을 했다고 하느냐?"며 나무랐다. 원일은 그 사람의 얼굴을 한 번 쳐다본 후 말없이 고개를 떨구었다.

어찌된 영문인지 이튿날 원일은 강서경찰서로 이송됐다. 원일의 고향 본적지였다. 강서경찰서에서는 다시 새로운 심문이 시작됐다. 이전보다는 조금 부드러

워진 심문이었다. 고문에 못 이겨 억지로 거짓자백을 했다고 하니 형사는 아무 말 없이 받아 적기만 했다.

그러던 중 원일은 감방 변기에서 친척 동생의 이름이 적힌 휴지 쪼가리를 발견하고 놀랐다. 나중에 안 일이지만 친척 동생도 원일이 붙잡히자 같은 혐의로 검거돼 강서경찰서에서 모진 고문을 받았던 것이다. 원일이 강서경찰서로 오기 바로 직전에 그는 풀려났는데 바로 그 감방에 원일이 들어온 것이다.

원일은 결국 무혐의로 석방됐다. 그가 석방된 것은 큰 매형 윤치창 덕분이었다. 큰 매형은 원일을 살리기 위해 모든 노력을 기울여 영향력 있는 사람을 설득했던 것이다.

원일이 감옥에서 보낸 두 달은 20년도 더 지난 듯한 세월이었다. 감방에 있을 때 고문 못지않게 무서운 것은 고독이었다. 독방은 사람을 미치게 했다. 들끓는 이를 잡는 것이 유일한 심심풀이였지만 그나마도 다음 날의 외로움을 생각해 조금은 남겨두면서 잡았다.

원일은 고문을 당한 후 평생 동안 양동이에 물 붓는 소리만 들어도 심장이 불규칙하게 뛰었다. 본능적으로

물고문을 당하던 고통이 떠올랐기 때문이다.

생명은 모질고도 질겼다. 정신적으로나 신체적으로나 불구자가 되지 않은 것은 천만다행한 일이었지만, 그때 이후 생긴 협심증과 신경통은 평생 동안 원일을 따라다녔다. 그것은 수많은 독립 선열들과 마찬가지로 마치 훈장 같은 것이었다.[19]

강서경찰서를 나서자 햇빛에 눈이 부셨다. 어디로 갈지 망설이던 원일은 이발과 목욕부터 해야겠다는 생각이 들었다. 그는 경찰서 옆 이발소로 들어섰다. 원일은 거울을 쳐다보고 깜짝 놀랐다. 거울 속에는 전혀 딴 사람이 서 있었던 것이다.

'저것이 나라니….'

주인이 다가오더니 나가 달라고 했다. 자리가 많은데도 앉을자리가 없다는 것이었다. 원일은 왜 내쫓느냐고 점잖게 따졌다. 주인이 그럴 만도 했다. 주인이 보기에 그는 쑥대머리에 때가 찌들대로 찌든 옷이며, 거지 중에서도 상거지 몰골이었기 때문이다. 그런 몰

---

19) 손원일, 「나의 이력서(29회)」, 『한국일보』, 1976년 11월 9일.

골보다 목소리가 점잖다고 느꼈는지 주인은 어디서 왔느냐고 물었다.

"바로 이웃집에서 나오는 길이오."

그러자 주인은 안색이 변하면서 "아! 선생님이 5개 국어를 하신다는 분이시군요"하며 반겼다. 이발소 주인은 5개 국어를 하는 훌륭한 분이 독립운동을 하다 경찰서에 잡혀와 있다는 이야기를 전해 들었던 모양이다.

주인은 이발요금을 받지 않았다. 정성껏 이발을 해주더니 목욕탕으로까지 안내해 주었다. 말끔히 씻고 나니 살 것 같았다. 이제는 시장기가 한꺼번에 몰려왔다. 냉면이 먹고 싶었다. 그는 냉면집으로 가 그 자리에서 세 그릇을 비웠다.

다음날 아침이었다. 원일이 여관방에서 깨어보니 자신조차 의심스러울 만큼 온 몸이 퉁퉁 부어 있었다. 감옥에서 굶주리다가 갑자기 너무 많은 음식을 먹은 탓이었다. 속수무책으로 누워 앓고 있는데 감방에서 나왔다는 소식을 들은 서울의 큰 누나가 사람을 보내 원일을 구출했다.

큰 누나는 무엇보다 요양이 급하다며 원일을 온양

온천에 다녀오도록 했다. 원일이 온양으로 가야겠다고 마음먹은 날 아침, 서울 누나집 대문을 '끼익' 하며 여는 불청객이 있었다. 그 불청객은 원일을 처음 경찰서로 붙잡아 간 김의수 형사였다.

"고생이 많았겠다. 잠은 잘 잤느냐"는 등 상냥하게 말을 붙인 형사는 "어디로 갈 계획이라도 있느냐"고 물었다. 몸이 아파 온천에나 다녀오겠다고 대답하니 "그건 좋지만, 외국에는 못 나간다"고 통고했다. 원일에게 금족령이 내려져 있음을 알려준 것이다.

이후 형사는 원일을 감시하며 어디든지 따라다녔다. 원일은 아침마다 그로부터 문안 인사 아닌 문안을 받아야 했다. 감시를 당하는 사람의 입장이 얼마나 불쾌한지를 원일은 이때의 경험을 통해 잘 알고 있었다. 그 후 '끼익' 하며 열리는 대문소리만 들어도 원일은 심장이 뛰었다.

경찰서에서의 두 달은 원일에게 잊지 못할 세 가지 소리를 남겨주었다. 고문이 시작되는 양동이 물소리, 대문 여는 소리, 그리고 교회 종소리였다. 강서경찰서 유치장에 있을 때 원일에게 가장 큰 위안을 준 것은 아침저녁으로 듣는 교회 종소리였다. 한 달 내내 독방에 갇혀 미칠 듯한 고독감에 몸부림칠 때, 종소리는 원일의 마음을 따뜻하게 안정시켜 주었다.[20]

원일은 고국에 잠깐 들렀다 가겠다고 생각했으나, 이제는 잠깐이 무기한이 되어 버렸다. 그동안 일본 경찰에게 당한 고문만 해도 치가 떨리는데, 금족령까지 내려졌다고 생각하니, 원일의 마음은 답답하기 그지없었다. 그나마 다행스러운 일은 그의 타고난 건강 때문에 회복이 빨랐다는 것이다. 한창 일을 해야 할 젊은이에게 할 일이 없다는 것은 참으로 견디기 힘든 것이었다.

원일은 홧김에 술을 입에 대기 시작했다. 차라리 술주정뱅이가 되는 것이 말짱한 정신으로 지내는 것보다 더 나을 듯했기 때문이다.

그 무렵 서울 거리에는 술로 세월을 보내는 청년들이 많았다. 일본에 협력하기는 싫고, 그렇다고 해볼 일도 없어 자연스레 주정꾼이 된 사람들이었다. 원일은 이들 지식 청년들과 자주 만나 어울렸다.

---

20) 손원일, 「나의 이력서(30회)」, 『한국일보』, 1976년 11월 10일.

3
8·15광복과 귀국

1936년 봄, 놀고 있던 원일에게 큰 매형이 장사를 같이하자고 권했다. 원일과 큰 매형은 어느 2층 벽돌집을 사서 남계양행이라는 상점을 차렸다. 취급하는 상품은 식료품이었다. 주로 수입품을 다루었던 터라 장사가 잘되었고, 얼마 안 가서 큰 상점으로 넓힐 수 있었다. 남계양행은 1941년까지 원일의 손에서 운영됐다.

장사가 잘되자 큰 매형은 원일에게 "집을 한 채 지어 베이징에서 살고 있는 원일의 어머니와 두 동생을 서울로 데려오는 것이 어떠냐"고 제의했다. 원일은 서툴지만 벽돌로 된 단층집을 직접 설계해서 지었다. 집이 완성되자 원일은 베이징에 있던 어머니와 여동생을 데려왔다.[1)]

남동생 원태는 어머니가 바라던 의사가 되기 위해 상하이의 대학에서 의학 공부를 하고 있어 그대로 남겨 두기로 했다. 뒤의 일이지만 원태도 상하이에서 일본 첩자의 꾐에 빠져 잠시 귀국했다가 원일이 겪은 것과 같은 고문을 당했다. 원일의 친척 중 일본 경찰에 끌려가 고문을 당한 사람은 무려 8명이나 됐다.[2)]

식료품 장사로 가족들의 생활이 어느 정도 안정되자 어머니는 원일에게 결혼을 재촉했다. 원일 자신도 마음의 변화가 일기 시작했다. 남자 나이 27세면 당시로선 노총각 중의 노총각이었다.

그 무렵 원일의 집 이웃에 매우 아름다운 부인이 살고 있었다. 어머니는 그 집에 자주 놀러가곤 했다. 그

---

1) 손원일, 「나의 이력서(31회)」, 『한국일보』, 1976년 11월 11일.

2) 오진근·임성채, 『해군 창설의 주역 손원일 제독(상)』, 한국해양전략연구소, 2006, 90-91쪽.

것은 원일의 혼인 상대를 구하기 위해서였다. 이미 원일에 대해 모든 것들을 잘 알고 있던 그 부인은 마땅한 예쁜 아가씨가 있다며 중매하겠다고 했다.

그 아가씨는 이화여자전문학교 성학과 1학년에 재학중인 홍은혜라는 학생이었다. 그녀는 원일의 여동생 인실과 같은 학교 동급생이었다. 원일과 홍은혜와의 인연은 이렇게 시작되었다.[3]

혼담 이야기가 있은 지 석 달 뒤인 1937년 2월, 원일의 집에서 약혼식이 열렸다. 원일은 늦게나마 평생을 함께할 짝을 만난 것이다. 결혼은 그녀가 졸업 후에 한다는 조건이었다.

홍은혜의 졸업까지는 3년이나 기다려야 했다. 그것을 생각하면 원일의 가슴은 타들어 가는 것 같았다. 노총각에게 3년은 매우 지루한 세월이었다.

세월이 흘러 홍은혜가 이화여전을 졸업하는 1939년 3월, 원일은 그토록 고대하던 결혼식을 올렸다. 이때 신랑의 나이는 30세, 신부는 22세였다.

---

3) 손원일, 「나의 이력서(32회)」, 『한국일보』, 1976년 11월 12일.

손원일·홍은혜 결혼식
출처 : 오진근·임성채, 『해군 창설의 주역 손원일 제독(상)』, 99쪽.

1940년 봄, 손원일에게 중국 땅을 다시 밟을 기회가 주어졌다. 생각지도 못한 일이었다. 식료품 수출입을 하던 무역회사인 동화양행에서 중국 톈진(天津)에 지점을 개설하는데, 그 지점을 맡아 줄 유능한 사람을 찾고 있었다. 손원일을 면담한 동화양행의 사장은 즉석에서 1주일 후에 중국으로 떠날 준비를 해 달라고 당부했다. 무엇보다 그는 손원일이 중국어는 물론 영어와 독일어도 잘한다는 점에 감탄을 금치 못했다.

손원일이 출국금지령 이야기를 꺼내자 사장은 자기가 책임지고 해결하겠다고 장담했다. 며칠 후 사장은 정말로 출국허가를 받아냈다. 이렇게 해서 그는 일본 경찰의 감시 속에서 살았던 생활로부터 일단 벗어나게 되었다.

손원일은 혼자서 톈진으로 갔다. 그에게 주어진 첫 임무는 중개인을 따라 산시성(山西省)에 물품 판매시장을 확보하는 일이었다. 낯선 외국 땅인지라 어려움과 고생이 많았지만, 그는 중국어 실력을 활용하여 시장을 확보하고 판로를 개척하는 데 성공했다.

동화양행 사장으로부터 능력을 인정받은 손원일은 서울 본사로부터 다시 다른 임무를 받았다. 산시성의 성도(도청 소재지)인 타이위안(太原, 태원)의 역사와 문화 등을 조사해서 보고하라는 것이었다. 그는 도서관까지 출입하며 자료를 수집해 만든 보고서를 보냈다. 그의 보고서를 읽은 사장은 세상에 이렇게 훌륭한 보고서는 난생처음이라며 그를 곧장 상하이 지사장으로 임명했다.[4)]

손원일이 다시 중국으로 가서 활동한 1940년 봄부터 1945년 8월까지의 시기는 중·일전쟁 기간이었다. 1937년 7월, 베이징 교외에서 일본군이 일으킨 군사행동으로 중국과 전쟁이 벌어졌다. 일본군은 베이징과 톈진을 점령했고, 이어 상하이까지 전쟁이 확대됐다. 그 해 12월, 일본군은 중국 국민정부의 수도인 난징을 점령하고 수십만 명의 시민을 학살했다. 뿐만 아니라 중국 남북 10개 성과 주요 도시 대부분을 점령했다. 이에 맞선 중국의 끈질긴 항전으로 전쟁은 오래 계속되었다. 그러던 중 1941년 12월, 일본은 미국의 하와이 진주만을 공격함으로써 중·일전쟁은 태평양전쟁으로 이어졌다. 이제 일본은 중국은 물론이거니와 미국, 영국 등 연합국과도 전쟁을 벌이게 됐다.

1940년 말쯤, 손원일의 두 번째 상하이 생활이 시작됐다. 전쟁이 무역업자를 돈 벌게 해주는 시절이어서

4) 손원일, 「나의 이력서(34회)」, 『한국일보』, 1976년 11월 17일.

국을 통해 아내에게 돈을 부칠까 하는 생각도 해봤지만 아무래도 믿을 수가 없었다. 우편으로 돈을 보냈다가 중간에 감쪽같이 사라져 낭패를 본 사람들을 여러 번 봐왔기 때문이다.

달리 방법이 없던 손원일은 일단 조국의 정세도 알아볼 겸 먼저 서울로 가기로 결심했다. 그래서 그는 중대한 결심을 했다. 사업을 정리해서 동업자와 균등하게 이익을 나누고는 간단한 짐을 꾸렸다. 서울에 가서 아내에게 생활비를 보태주고 다시 나와 충칭으로 갈 계획이었다. 이때문에 그는 많은 재산을 상하이에 그대로 남겨 두었다.

손원일은 회사에서 데리고 있던 소년과 함께 베이징으로 갔다. 베이징에서 하룻밤을 머물며 어렵사리 다음날 떠날 서울행 열차표를 구했다. 그런데 손원일이 서울행 열차를 탔던 그 날이 바로 1945년 8월 15일로 조국이 광복되던 날 아침이었다.[6)]

열차가 펑톈(奉天, 지금의 선양)역에 도착했다. 이곳에서

---

6) 위와 같은 책, 4-5쪽.

안둥(安東, 지금의 단둥)을 거쳐 서울로 향하는 열차로 바꿔 타야했다. 그가 펑텐역 승강장으로 막 들어섰을 때였다. 신문팔이 소년이 호외(급하고 중대한 사건이 있을 때 임시로 발행하는 신문)를 외치며 사람들 사이로 뛰어 들어왔다.

호외요, 호외-!

조용하던 역 구내는 순식간에 발칵 뒤집혔다.

손원일은 재빨리 호외 한 장을 집어 들었다. 거기엔 '日本天皇降伏(일본천황항복)'이란 글자가 대문짝만하게 찍혀 있었다. 손원일은 자기 눈을 의심했다. 잠시 동안 충격으로 정신이 멍했다. 시간이 흐르면서 처음 충격이 손원일의 온 몸을 엄습했다. 감격의 눈물이 솟은 것은 한참 뒤였다.[7)]

천지가 새롭게 열리는 듯했다. 그토록 바라던 조국의 광복이 현실로 다가오다니! 그는 벅차 오르는 감정을 억누를 수 없었다. 감격의 눈물이 끊임없이 흘러내렸다. 손원일은 하늘을 향해 크게 심호흡을 했다.

---

7) 손원일, 「나의 이력서(35회)」, 『한국일보』, 1976년 11월 18일.

미국이 1945년 8월 6일 히로시마, 8월 9일 나가사키에 차례로 원자폭탄을 투하하자, 일본 천황 히로히토는 8월 15일 정오 라디오 방송을 통해 연합국에 대해 '무조건 항복'을 선언한 것이다.

손원일은 조국행 열차에 가까스로 몸을 실었다. 기차는 사람들로 북새통을 이뤘지만 조금도 불편하거나 힘들지 않았다. 기어가듯 느리게 달리는 기차 속에서도 그의 마음은 어느새 조국을 향해 훨훨 날고 있었다. 이제 광복이 되었으니 충칭의 임시정부에 가야 한다는 의무감은 순식간에 사라졌다. 또한 기쁨과 즐거움에 상하이에 두고 온 많은 재산 따위는 아예 생각나지도 않았다.

손원일의 머리에 아버지 생각이 떠올랐다. 그의 아버지 손정도 목사는 조국의 독립을 위해 이국땅에서 고난의 삶을 살다 가신 분이다. 아버지가 이 벅찬 광복의 기쁨을 누리지 못한 채 저 세상으로 떠나신 것을 생각하니 손원일의 가슴이 미어졌다.

14년만 더 사셨더라면, 그토록 그리던 '자유 조국'을 보실 수 있으셨을 텐데….

장남으로서 효도 한번 제대로 못하고, 더욱이 임종마저 지키지 못한 자신을 생각하니 눈물이 앞을 가렸다.[8)]

1945년 8월 15일 어둠이 깔릴 무렵, 손원일이 탄 기차는 덜커덕거리며 압록강 철교를 건너 광복을 맞은 조국 땅을 달리고 있었다. 밤은 깊어 갔지만 손원일은 잠들 수 없었다. 신의주역과 평양역, 개성역 등 열차가 정차하는 역마다 광복의 기쁨에 환호하는 사람들의 함성이 흘러 넘쳤다.

동포들의 함성을 듣는 손원일의 가슴속에는 장차 독립된 조국을 위해 무엇을 어떻게 해야 할 것인가 하는 생각으로 가득 차 있었다.

상하이의 중앙대학교에 다니던 시절부터 손원일에게는 꿈이 있었다. 상선을 타고 세계 여러 나라를 돌아다니면서 그 꿈은 더욱 간절해졌다. 첫째는 조국의 독립이었고, 둘째는 독립된 조국에 해군을 건설하는 것이었다. 조국이 광복을 맞았으니, 이제 그 두 번째 꿈을 실현해야 할 때가 된 것이다. 동포들의 함성을

8) 오진근·임성채, 『해군 창설의 주역 손원일 제독(상)』, 3-6쪽.

들으며 그는 해군을 창설해야겠다는 결심을 다시 한 번 굳게 다졌다.

8월 16일 아침, 서울역에 도착한 손원일은 곧장 집으로 달려갔다. 그는 먼저 어머니께 큰절을 올린 후 식구들과 다시 만난 기쁨을 나눴다. 다음날 아침 일찍 그는 감격의 인파로 출렁이는 서울거리로 나섰다.[9)]

일본이 항복한 다음날인 8월 16일, 독립운동가를 포함해 전국의 각 형무소에 갇혀 있던 수많은 동포들이 석방됐다. 해외에서 독립운동을 하던 애국지사들도 조국을 향해 발걸음을 재촉했다. 귀국길에 광복을 맞은 손원일은 새로이 열린 조국 땅을 누구보다 먼저 밟게 되었다.

광복 이틀째인 8월 17일에도 여전히 서울거리는 태극기를 흔들며 애국가와 만세를 외치는 사람들로 넘쳐났다. 일제 조선총독부가 우리나라를 다스리던 힘이 사라진 상태여서 치안상황은 극도의 혼란 속으로 빠져들고 있었다.

---

9) 위와 같은 책, 19-20쪽.

한편으로 광복의 기쁨은 잠시뿐이었다. 조국의 광복을 독립으로 착각했던 우리 민족은 또 다른 비극적 운명을 맞게 되었다. 우리의 희망과는 관계없이 미국과 소련 양국이 일방적인 합의로 38도선을 경계로 한반도를 두 동강이 내고 말았던 것이다.

제2차 세계대전이 막바지에 이르렀을 때, 소련은 일본에 대해 선전포고를 하고 만주와 한반도로 진격했다. 38도선 이북의 공산화를 노린 소련은 8월 26일 평양에다 군사령부를 설치하고서 북한 전역에 군정(점령 지역의 군대 사령관이 펼치는 임시 행정)을 폈다.

미국은 소련보다 한발 늦게 남한에 상륙했다. 맥아더 원수는 하지(John R. Hodge) 육군 중장을 주한미군사령관으로 임명하고 38도선 이남 지역의 점령을 명령했다.[10)]

9월 9일, 조선총독부 건물에서 일제 통치의 마지막을 알리는 항복문서가 미국과 일본 간에 서명됐다.[11)]

미군의 진주가 늦은 남한에서는 무질서가 극에 달했

---

10) 국방부전사편찬위원회 편, 『국방사 1945. 8~1950. 6』, 113-114쪽.

11) 국방부군사편찬연구소 편, 『건군사』, 79쪽.

다. 자연히 정권을 잡기 위한 정당 창당이 봇물을 이뤘다. 이런 와중에서 과거 광복군이나 중국·일본·만주 등지에서 군대 생활을 한 사람들은 군사단체 조직을 서둘렀다. 이는 광복 직후 혼란을 수습하고 사회질서를 유지하다가 국군 건설에 이바지할 토대를 마련하기 위해서였다. 1945년 11월, 미국 군정청에 등록된 군사단체는 30여 개나 됐다.[12]

손원일이 서울 시내를 나가 보니 광복의 감격과 열기가 어느새 사회혼란과 파괴 행위로 치닫고 있었다. 남대문 옆을 지날 때는 일제의 잔재라며 전차의 유리창을 부수는 사람들이 보였다. 안타까운 마음에 손원일은 "앞으로 우리가 사용해야 할 물건인데, 그러면 되겠느냐"고 그들을 타일렀다.[13]

12) 한용원, 『창군』, 26쪽.

13) 손원일, 「나의 이력서(36회)」, 『한국일보』, 1976년 11월 19일.

4
해군 창설

손원일은 혼란 속에서도 정치는 정치를 좋아하는 사람들에게 맡기고, 자기가 할 일은 오직 해군 창설이라고 생각했다.

명동 거리를 지나다가 우연히 알게 된 '조선국군준비대' 결성 소식은 해군 창설에 대한 그의 마음을 조급하게 만들었다. 그러나 그는 군대 경력도 없고 오랜 세월을 해외에서만 보냈기 때문에 같이 일할 동지나 도움을 청할 만한 사람이 별로 없었다. 그에게 가장 급한 일은 함께 일할 동지들을 구하는 일이었다.

며칠을 고심한 끝에 손원일은 연희전문학교 교장인 유억겸 선생을 찾아갔다. 그는 손원일의 큰 매형과 가까이 지내는 사이이고, 학식과 덕망을 갖추고 있어 손원일은 그를 전부터 잘 알고 있었다.

"저는 중국 상하이에서 잠시 귀국하던 도중에 광복을 맞았습니다. 8월 16일 서울에 도착했는데, 그 전에는 중국 상하이에 있는 중앙대학교 항해과를 나와 외국 상선을 탔습니다. 배를 타고 여러 나라를 돌아다니는 동안 조국이 광복을 맞으면 내 손으로 해군을 창설해야겠다는 생각을 해 왔습니다. 이제 광복이 됐으니 해군을 창설하는 일에 이 한 몸 바칠까 합니다. 그러나 막상 이 일을 하려고 하니 아는 사람도 없고 해서 먼저 선생님께 도움을 청하고자 이렇게 찾아뵙게 됐습니다."

손원일은 해군 창설에 대한 자신의 포부를 털어놓았다. 유억겸 선생은 고개를 끄덕이며 그의 말을 귀담아 듣더니 훌륭한 일이라며 최선을 다해 돕겠노라고 약속했다. 그러면서 민병증을 소개해 주며 서로 뜻이 맞을 테니 만나서 의논해 보라고 했다.

손원일은 곧바로 민병증을 찾아가 해군 창설의 포부를 밝히면서 협력을 구했다. 민병증은 손원일의 두 손을 꼭 잡으며 해군 창설에 동참하기로 약속했다. 이들은 바로 다음날인 8월 21일 직접 풀통을 들고 서울 거리로 나가 주요 건물 벽에 대원 모집 벽보를 붙였다.

'조국의 광복에 즈음하여 앞으로 이 나라 해양과 국토를 지킬 뜻있는 동지들을 구함.'

같은 날 오후, 서울 종로에서 또 다른 청년이 벽보 한 장을 붙이고 있었다. 청년이 붙인 벽보는 손원일의 벽보 내용과 비슷했다.

'우리의 바다는 우리가 지키자. 조국의 바다를 지켜나갈 충무공의 후예를 모집함.'

한편 손원일의 부탁으로 벽보를 붙이러 다니던 김영철은 조금 전에 청년이 붙인 벽보를 보고 깜짝 놀랐다.

"아니, 이건 우리 것과 똑같네!"

김영철은 벽보를 붙이고 저만치 가고 있는 젊은이를 쫓아갔다.

"저, 잠깐만요."

"저 말씀입니까?"

"저도 선생님과 같은 내용의 벽보를 붙이러 다니던 중입니다. 중국에서 귀국한 손원일이라는 분과 함께 해군을 만들려고 준비하고 있습니다. 저희와 뜻을 같이하겠다면 그분을 소개해 드리겠습니다."

먼저 벽보를 붙인 청년은 정긍모(제3대 해군참모총장을 지냄)였다.

"그래요? 좋습니다."

김영철은 정긍모를 손원일에게 데리고 갔다. 김영철이 정긍모를 소개하자 손원일은 매우 반가워하며 그의 손을 움켜잡았다.

"정 동지처럼 뜻이 통하는 사람을 만나게 돼서 정말 반갑습니다."

"저 역시 손 선생님을 만나게 되어 기쁘기 한량없습니다."

"지금 우리가 해야 할 일은 사람을 모으는 일입니다. 우선 같이 일할 대원들부터 모읍시다."

손원일은 대원 모집이 무엇보다도 먼저 서둘러 해야 할일임을 거듭 강조했다.

"잘 알겠습니다."

일본 선박의 기관사 출신인 정긍모도 손원일과 같은 생각을 갖고 있었다. 그래서 광복이 되자마자 해군 창설에 필요한 대원을 모집하러 다니다가 우연히 손원일을 만나게 된 것이다.

해군 창설이라는 같은 뜻을 가진 두 사람은 자연스럽게 마음이 서로 맞았고, 다섯 살 위인 손원일이 모든 일을 주로 맡아 밀고 나갔다.

정긍모는 손원일과 만난 그날, 서울역 부근에 있는 일제강점기 때 해운기업인 조선우선주식회사를 방문했다. 그 회사에 근무하는 한갑수를 해군 건설에 끌어들이기 위해서였다. 정긍모는 때마침 사무실에 나와 있던 한갑수를 만날 수 있었다.

"진해고등해원양성소(일제가 간부 선원을 양성하기 위해 경남 진해에 설치한 상선사관 양성기관)를 나오신 걸로 알고 있습니다. 지금 우리는 해군을 만들려고 합니다. 이 일을 위해서는 한 선생님 같은 분이 꼭 필요합니다. 저희와 함께 일해 보실 생각이 있으시면 손원일 선생님을 한번 만나 보십시오."

"잘 오셨습니다. 저 역시 진작부터 해군을 창설해야

한다는 생각을 가지고 있었습니다."

그 길로 한갑수는 손원일을 만나 해군 건설에 동참하기로 약속했다.

이렇게 해서 손원일·민병증·김영철·정긍모·한갑수는 1945년 8월 21일 해군 건설의 주춧돌이 될 '해사대(海事隊)'라는 단체를 만들었다. 손원일이 중국에서 귀국한 지 불과 닷새 만에 이루어진 일이었다. 그들은 손을 꼭 잡고 서로가 뜻을 모아 조국의 해군 건설에 몸과 마음을 바칠 것을 굳게 다짐했다.

이들은 서울 안국동의 안동예배당에 '해사대'라는 간판을 내걸고 그 곳을 해사대 본부로 정했다.

대원 모집 벽보를 붙인 지 열흘 만에 30여 명의 대원이 모여들었다. 늘어난 대원들로 장소가 좁아지자 해사대 본부를 서울 종로구 관훈동 옛 충훈부 건물로 옮겼다.

충훈부는 조선시대부터 대한제국까지 나라에 큰 공을 세운 공신이나 그 자손을 예우하기 위해 만든 관청으로, 주로 훈장이나 포장 등에 대한 일을 맡았던 곳이다. 충훈부는 표훈원으로도 불렸고, 표훈원의 건물이라 해서 표훈전으로도 불렸다.

옛 충훈부로 이사한 날부터 1주일 기한으로 대원들을 모집한 결과 지원자는 모두 2백여 명이나 되었다. 이들 중 경력을 고려하고, 면접을 통해 80명을 선발했다.

손원일은 우선 이들을 받아들이고 교육시키기 위해 한옥 한 채를 빌렸다. 주위에서는 이들을 미친 사람으로 취급하며 손가락질을 했다. 그러나 손원일은 전혀 신경 쓰지 않고 대원들의 교육부터 시작했다. 교육기간을 70일로 정하고, 모든 비용은 손원일과 간부들이 나누어 부담하기로 했다.

다행히 손원일이 상하이에서 귀국할 때 가져온 돈이 조금 있어서 해사대 살림을 얼마간 꾸려 갈 수 있었다. 그가 가져온 돈은 당초 아내에게 생활비로 주려던 것이었으나 손원일은 아내에게 한 푼도 줄 수 없게 돼 버렸다.

그 무렵은 일제가 이미 많은 곡물을 강제로 거두어 가서 돈이 있어도 식량을 구하기가 쉽지 않은 때였다. 이전까지 한 가마니에 20원 하던 쌀을 100원에도 살

수 없을 정도였다. 게다가 반찬 없이 밥으로만 배를 채우다 보니 식성 좋은 80여 명의 젊은 대원들이 하루에 쌀 두 가마니를 먹어치우는 날도 있었다.[1)]

손원일은 궁리 끝에 '건국준비위원회'를 찾아갔다. 이때는 미군이 아직 남한에 상륙하기 전으로 건국준비위원회가 임시로 치안을 맡고 있었다. 젊은이들이 나라를 위해 뜻있는 일을 하겠다는 일념 하나로 뭉치긴 했지만, 먹지 않고는 아무 일도 할 수 없어 건국준비위원회로부터 식량 배급이라도 받아볼 생각에서였다.

건국준비위원회는 자신들의 세력을 넓히기 위해 진작부터 해사대를 끌어들이려고 했다. 그들은 손원일에게 건국준비위원회로 들어와 해사과(바다에 관한 일을 담당하는 부서)의 책임을 맡아 달라고 부탁했다. 손원일은 마음이 내키진 않았지만 대원들의 식량 문제를 해결하기 위해 일단 가입하여 해사과를 맡았다.

그러나 조선인민공화국을 만들고 공산주의에 물든 건국준비위원회에서는 해사대의 목표를 이룰 수 없다

---

1) 오진근·임성채, 『해군 창설의 주역 손원일 제독(상)』, 24-30쪽.

고 판단한 손원일은 가입 한 달 만에 건국준비위원회와 관계를 끊고 물러나왔다.[2]

건국준비위원회로부터 나온 그 날, 손원일은 해사대의 운영 자금을 마련하기 위해 조선해사보국단으로 석은태를 찾아갔다. '조선해사보국단'은 일제강점기 때 선원들의 복지사업과 배급을 담당하던 기관이었다. 석은태는 광복이 되자 조선해사보국단 자치위원회를 조직하고 자신이 위원장직을 맡고 있었다. 두 사람은 의논 끝에 두 단체를 합치기로 하고, 단체의 명칭을 '조선해사협회'로 정했다. 위원장은 손원일, 부위원장은 석은태가 맡기로 했으며, 자금은 석은태가 마련하기로 합의했다.

조선해사협회가 출범한 지 1주일쯤 지났을 무렵, 손원일은 예상치 못한 좌골신경통으로 몸을 가눌 수조차 없게 됐다. 그동안 너무 무리한 탓도 있었지만 과거 일본 경찰에게 당한 고문의 후유증이 나타난 것이다. 해야 할 일이 산더미처럼 많은 때에 그는 꼼짝없이 한

2) 해군본부 전사편찬관실, 『대한민국해군사 행정편 제1집』, 17-18쪽.

관 하지 중장의 특별보좌관인 이묘묵이라는 얘기를 듣자 손원일은 오랜만에 몸과 마음이 가벼워지는 듯 했다.

어느 정도 몸을 움직일 수 있게 되자 손원일은 군정청으로 이묘묵을 찾아갔다. 이묘묵은 무척 반가워했다. 평양 광성학교에서 영어교사로 일한 적이 있는 이묘묵은 손원일의 집안과 오래전부터 잘 알고 지내던 사이였다. 손원일은 이묘묵에게 자신의 꿈인 해군 창설에 대해서 자세히 설명하고 도움을 청했다. 이묘묵은 해사국장인 카스튼과 의논해 해군을 건설하는데 최선을 다해 돕겠다고 약속했다.

며칠 후 손원일은 이묘묵으로부터 카스튼이 만나고 싶어 한다는 연락을 받았다. 손원일은 기대에 부푼 가슴을 안고 군정청으로 들어갔다. 카스튼은 손원일을 보자 반갑게 악수를 청하면서 이묘묵으로부터 이야기를 잘 들었다고 했다. 그는 손원일에게 단도직입적으로 물었다.

"우리는 지금 해안경비와 밀수를 막을 '코스트 가드'(Coast Guard, 해안경비대)가 필요한데 그 일을 당신들이 맡아줄 수 있겠습니까?"

카스튼의 제안을 받은 손원일은 “우리는 조국의 해군을 건설하려는 것이지 해안경비대가 되어 군정청의 심부름이나 하려는 게 아닙니다”라며 거절의 뜻을 분명히 밝혔다.

손원일의 말에 고개를 끄덕이며 한참을 생각한 끝에 카스튼은 “머지않아 당신네 나라에 정부가 수립되고 나면 해안경비대가 해군으로 바뀔 것입니다. 그렇게 되도록 최선을 다해 도와주겠습니다”라고 했다.

해안경비대가 해군으로 바뀔 것이란 말에 손원일의 마음이 움직였다. 손원일은 카스튼의 제의를 받아들이기로 했다.

“그 약속을 지켜만 준다면 해안경비대 임무를 맡겠습니다.”

카스튼은 굳은 악수로 손원일에게 해안경비대 창설을 약속했다. 이 자리에서 그들은 우선 200명 규모의 해안경비대를 창설하고, 해안경비대 본부와 해안경비대 사관학교를 진해에 설치하기로 합의했다. 손원일은 일본 해군이 사용했던 진해항을 해안경비대가 쓸 수 있도록 해 줄 것을 부탁했다.

카스트은 이를 모두 승낙했다. 그리고는 곧바로 책상 위에 있던 종이에다 진해 군정관에게 보내는 쪽지를 써서 손원일에게 주었다.

진해 군정관 귀하

군정청의 필요에 의해 한국인 해안경비대가 사관학교를 설치하러 진해로 가니 잘 협조해 주십시오.

– 군정청 해사국장 미국 육군 소령 카스튼 –

격식도 갖추지 않은 간단한 쪽지였지만 손원일에게는 백만의 군인들을 얻은 것이나 다름없었다. 손원일은 곧바로 조선해사협회로 돌아와 간부들과 회원들을 불러 모았다. 손원일을 포함해 모두 70명이었다.

1945년 11월 11일, 손원일과 회원들은 미국 군정청 해사국장 카스튼 소령이 참석한 가운데 해사대 본부였던 옛 충훈부 즉 표훈전에서 해방병단 창설식을 가졌다.

이 날 창설된 조직을 한국 측은 '해방병단'이라 불렀고, 미국 군정청은 '해안경비대'라고 했다.[4)]

해방병단 창설요원 기념촬영(1945. 11. 11)
출처 : 해군본부, 『바다로 세계로-사진으로 본 해군50년사-』, 2쪽

창설식은 간소하게 치러졌다. 해군 건설에 첫발을 내딛는 손원일과 단원들의 감격은 이루 말할 수 없었다. 육·해·공 3군 중 가장 먼저 군대 창설의 주춧돌을 놓는 매우 뜻 깊은 행사였다.

1895년 7월, 조선 수군이 폐지된 지 50년 만에 이

4) 손원일, 「나의 이력서(37회)」, 『한국일보』, 1976년 11월 21일.
해군본부 전사편찬관실, 『대한민국해군사 행정편 제1집』, 19쪽.

땅에 다시금 해군이 탄생된 것이다. 해방병단은 대한민국 해군의 모체로서 그 창설은 우리 역사에 길이 남을 일이었다.[5)]

손원일이 해방병단 창설일을 11월 11일로 정한 데는 깊은 뜻이 있었다.

손원일은 중국 상하이에서의 대학 시절이나 외국 상선에서 근무하던 시절, 영국 등 선진국 해군을 대할 때마다 느낀 것이 있었다. 바로 '신사 해군'이었다. 그때부터 그는 '해군은 신사여야 한다'는 생각을 갖게 됐다. 이러한 생각은 해군 창설 일자를 정하는 데에도 반영됐다. 즉 한자 '十一'(십일)을 세로로 쓰면 '士'(사) 곧 '선비 사'자의 뜻이 되어 오늘날의 신사라는 말이 된다. '선비 사' 2개가 겹쳐진 11월 11일에 해군을 창설한 것이다. 해군은 신사여야 한다는 손원일의 이러한 철학은 지금도 살아 숨 쉬며 대한민국 해군에 하나의 전통으로 이어지고 있다.

창설식을 마친 해방병단 단원 70명은 그날 오후에

---

5) 오진근·임성채, 『해군 창설의 주역 손원일 제독(상)』, 34-36쪽.

군정청에서 마련해 준 특별열차편으로 서울역을 출발했다. 그리고 다음날인 11월 12일 아침 진해역에 도착했다. 진해에 도착했으나 그들을 반기는 사람도, 당장 묵을 방도 없었다. 손원일은 단원들을 일단 진해역 앞의 여관으로 데려가 각자의 짐을 풀게 한 뒤, 혼자서 진해 미국 군정관인 에드워드(Edward) 육군 대위를 찾아갔다.

손원일은 군정관 에드워드에게 자신이 진해에 온 목적을 설명하고 카스튼 소령의 쪽지를 내밀었다. 쪽지를 대충 훑어본 에드워드 대위는 첫 마디부터 냉담했다.

"나는 모르는 일이니 부산에 있는 지휘부에 가서 알아보시오."

무성의하기 짝이 없는 그의 태도에 화가 난 손원일은 군정관의 책상을 두드리며 큰 소리로 말했다.

"도대체 당신 상관의 중대한 지시를 이런 식으로 모른 체해도 되는 겁니까? 당장 서울 군정청의 카스튼 소령에게 전화를 해보시오."

손원일의 당당한 태도에 미국 군정관은 그때서야 서울 군정청으로 전화를 걸어 확인했다.

그는 잠시 동안을 고심하더니 "내일 다시 만나 이 문제를 협의해 봅시다"라고 하며 협조 의사를 넌지시 내비쳤다.

협상은 이렇게 첫날부터 순조롭지가 못했다.[6)]

손원일은 단원들이 있는 숙소로 돌아왔다. 밤이 깊어가도 도무지 잠을 이룰 수 없었다. 군정관 에드워드를 만나보니 앞으로의 협상이 걱정이었다.

얼마나 지났을까? 밖에서 갑자기 "단장, 나오라"는 고함소리가 들렸다. 나가보니 일부 단원들이 험악한 기세로 모여 있었다.

그들은 "우리는 해군을 건설하러 온 사람들입니다. 그런데 막사도 마련돼 있지 않고 거들떠보는 사람 하나 없으니 이게 무슨 대접입니까?"라며 따졌다. 손원일은 그들의 불평을 끝까지 다 들은 후 입을 열었다.

"앞으로 정부가 수립되고 본격적으로 군대를 육성할 때까지는 독립운동을 하는 정신으로 일하지 않으면 안됩니다. 물론 여러 가지 애로가 앞으로 수없이 많을

---

6) 손원일, 「나의 이력서(37회)」, 『한국일보』, 1976년 11월 21일.

것입니다. 그러나 정 견디기 힘들어 돌아가겠다는 사람은 막지 않겠습니다."

다음날 아침이 되자 단원 중 17명이 돌아가겠다고 했다. 손원일과 간부들은 주머니를 털어 그들의 여비를 마련해 주었다.

일부 단원들을 돌려보낸 손원일은 착잡한 심정으로 군정관을 다시 찾아가 입씨름을 시작했다. 우선 해방병단이 사용할 건물부터 마련해 달라고 요청했다. 군정관은 진해 시내에 있는 한 건물을 사용하라고 했다. 그 곳에 가보니 부두가 없었다. 손원일은 난감했다. 그 날 오후 세 번째로 군정관을 찾아갔다.

"우리가 장차 해군을 건설하기 위해서는 반드시 부둣가에 있는 건물이 필요하오. 당신이 정해준 곳은 부두가 없어 해군 건설에 아무 쓸모가 없으니 군항 내 부둣가에 있는 일본 해군이 사용했던 건물을 비워 주시오."

손원일은 강하게 밀어붙였다.

지난날 일본 해군이 사용했던 부둣가 건물 앞에는 제2차 세계대전 말기 일제가 우리나라 각지에서 거둔 식량, 의복, 철재류 등 각종 물자들이 산더미처럼 쌓여 있었다. 군정관은 물자관리 문제 때문에 그 건물을 비워줄 수 없다면서 거절했다. 손원일 역시 포기하지 않았다. 밀고 당기는 협상 끝에 그들은 쌓여있는 물자들이 없어지는 것을 막기 위해 '정해진 통로로만 왕래한다'는 조건으로 건물 한 동을 해방병단이 사용하기로 합의했다.[7]

미국 군정청은 일본인이 가지고 있었던 모든 재산을 군정청이 갖는다는 군정법령을 발표했다. 진해 군항 지역의 토지와 건물은 대부분 일제의 소유였기 때문에 이 법령이 선포된 이후 군정청 재산으로 바뀌었다.[8]

1905년, 러·일전쟁에서 승리한 후부터 일제는 진해에 본격적으로 군항을 건설했다. 이에 따라 진해에는 각종 군사 시설이 설치되어 일본 해군의 거대한 기지로 변했다.[9]

---

7) 손원일, 「나의 이력서(38회)」, 『한국일보』, 1976년 11월 23일.

8) 오진근·임성채, 『해군 창설의 주역 손원일 제독(상)』, 44쪽.

9) 진해시사편찬위원회, 『진해시사』, 209-232쪽.

진해 군항 내 해방병단 시무지 터 표석(필자 촬영)

손원일이 군정관과 협상해 간신히 사용을 허락받은 건물 한 동도 일본 해군이 진해 군항에 건설해 놓은 건물 중 하나였다. 그 건물은 낡아서 지금은 사라지고 없으며, 그 자리에는 표석이 세워져 있다.

미군이 진해에 들어왔을 때는 일본군이 사용하던 건물 대부분이 파손돼 있었고, 군수품도 상당량이 도난 당한 상태였다.

여관에서 이틀 밤을 지낸 해방병단 단원들은 1945년

11월 14일 오전, 군항 내에 있는 옛 일본 해군의 건물로 자리를 옮겼다. 그 곳을 해방병단 본부 겸 숙소로 정하고 그 날 오후 시무식을 가진 후 첫 업무를 시작했다.

얼마나 기다렸던 순간이던가!

손원일과 단원들은 일장기가 휘날리던 자리에 태극기를 올리는 순간 감격의 눈물을 흘렸다. 손원일은 하고 싶은 말이 많았지만 단원들도 자신과 같은 심정일 것이라는 생각에서 간단한 말로 단원들을 격려했다.

"앞으로 우리에게는 많은 어려움이 닥칠 것입니다. 조국의 해군 건설을 위해 우리 모두 힘을 합쳐 나갑시다."

어렵게 건물 한 동은 차지했지만 해사국장 카스튼 소령의 쪽지는 그 이상의 효과를 내지 못했다. 가장 시급히 해결해야 할 일은 기본적으로 먹고 입고 자는 문제였다.

시무식이 있은 지 불과 며칠이 지나지 않아 단원들이 또다시 흔들리기 시작했다. 자고 나면 몇 명씩 빠져나갔다. 창설 당시 70명이던 단원 가운데 결국 37명만 남았다.

"에이, 나도 오늘 집으로 갈 거야. 해군이 되려고 왔더니만, 제대로 먹여 주길 해, 입혀 주길 해, 재워 주길 해."

손원일은 안타까웠지만 떠나는 단원들을 강제로 막을 수는 없었다. 가장 기본적인 먹을 것조차 해결해 줄 수 없었던 그로서는 더 이상 그들을 설득할 수가 없었다. 다행히 단원들 가운데 절반 정도는 해군 건설에 참여하려는 큰 뜻을 버리지 않고 끝까지 남았다. 하지만 그들 앞에 놓인 시련과 고난의 끝이 어디까지인지 아무도 알 수 없었다.

일제강점기 때 억압받았던 한을 풀어보려고 그랬는지 누군가가 건물 창문의 유리란 유리를 모조리 깨뜨려 버려서 1월의 차가운 바닷바람이 실내에 그대로 들이닥쳤다. 단원들은 난로도 없는 냉방에서 낡은 담요 한 장으로 웅크린 채 새우잠을 자야 했다. 날이 밝으면 건물 복구 작업과 식량을 구하기 위해 이리 뛰고 저리 뛰며 바쁜 하루를 보내야 했다. 어쩌다 콩을 구하면 콩을 삶아서 한 끼, 보리가 생기면 보리로 한 끼를 때웠다. 그것도 구하지 못하는 날은 굶는 수밖에 없었다. 봄이 되자 단원들은 쑥을 뜯어다 수제비에 넣어 끓여 먹기도 했다. 그들은 서로의 건강을 걱정해 주고 위로해 주면서 어려움을 이겨 나갔다. 해군 건설이란 큰 일을 위해서는 온갖 시련을 견뎌내야 한다고 굳은 마음으로 다짐하고 있었다.

먹는 것이 시원치 않자 단원들의 체중은 점점 줄어들어 갔다. 이런 시련 속에서도 윗사람이나 아랫사람이나 똑같이 먹고 똑같이 굶다보니 누구 하나 불평하는 사람은 없었다. 손원일과 함께 고생한 사람들은 하나같이 '그 시절 비록 배는 곯았지만 그때만큼 보람을 느끼며 열심히 일을 한 적이 없었다'며 회상하고 있다.[10)]

손원일은 단장으로서 단원들의 먹을 식량을 구해 허기를 달래주는 것이 그 당시로서는 가장 큰 과제였다. 이를 위해 그는 서울에 자주 올라가 군정청에 식량 보급을 요청했다.

하지만 군정청으로서도 해방병단을 위한 예산이 편

---

10) 오진근·임성채, 『해군 창설의 주역 손원일 제독(상)』, 45-47쪽.

성돼 있지 않아 뾰족한 방법이 없었다. 미국에서 들여온 원조물자 중 밀가루를 해방병단 단원들의 식량으로 보급해 주는 것이 고작이었다. 어떤 때는 미국에서 한국으로 운송되는 과정에서 변질된 밀가루로 만든 음식을 먹고 단원들 모두가 심한 복통을 앓은 적도 있었다.

손원일은 이러한 열악한 사정을 군정청에 보고하고 밀가루 대신 쌀을 지원해 줄 것을 요청했다. 그러자 미국 육군 장교 2명이 진해로 내려와 시중에서 식량을 구입하여 해방병단에 대 주기로 했다. 그러나 진해에서는 쌀을 구할 수가 없어서 전국으로 돌아다니며 어렵게 쌀을 구입했다. 그 당시는 곡창지대인 호남지방에서조차 돈이 있어도 식량을 구하기가 어려운 때였다.

그즈음 손원일과 단원들의 촉각을 곤두세우게 하는 중요한 일이 벌어졌다. 바로 해방병단이 계속 유지될 것인가 없어지게 될 것인가라는 문제였다. 해방병단이 창설된 지 이틀 뒤인 1945년 11월 13일, 군정청은 사설(개인이 설립함) 경찰단체와 군사단체를 해산시키고 국방사령부를 창설한다는 내용의 군정법령을 공포했다.

해방병단은 군정청의 해사국장과 합의하여 만들어

졌기 때문에 사설 군사단체라고는 할 수 없었다. 그렇다고 해서 군정법령에 의해 설치된 군사단체도 아니었다.

소문을 들은 단원들은 혹시 해방병단이 없어지지나 않을까 바짝 긴장하고 있었다. 손원일은 단원들을 안심시킨 후 해방병단을 정식 군사단체로 승인받기 위해 곧바로 서울로 올라왔다.

그는 먼저 이묘묵과 카스튼 소령을 찾아갔다. 다행히 카스튼은 약속을 잊지 않고 있었다. 카스튼은 해방병단을 해군으로 바뀌게 한다는 손원일과의 약속을 지키기 위해 앞장서 도움을 주었다. 이묘묵도 적극적이었다. 그들의 도움으로 손원일은 초대 국방사령관이 된 시크(Lawrence E. Schick) 미국 육군 준장을 만날 수 있었다.

마침내 1946년 1월 14일, 군정법령이 새롭게 공포되었고, 이 법령에 따라 해방병단은 국방사령부 아래로 들어갔다. 이로써 해방병단은 국방사령관의 승인을 받은 정식 군사단체가 된 것이다. 손원일은 물론 단원들은 이루 말할 수 없는 기쁨에 젖었다.

다음날인 1월 15일, 국방사령부는 진해 군항 내에

해방병단 총사령부를 설치하고, 총사령관에 해방병단장 손원일을 그대로 앉혔다. 아울러 국방사령부는 모든 사설 군사단체를 해산시켰다.[11)]

총사령관이 된 손원일 앞에는 해방병단을 이끌어 가는데 해결해야 할 과제들이 산더미처럼 쌓여 있었다.

해방병단이 국방사령부로 편입된 이후부터 미국 해군 예비역[12)] 소령이 해방병단의 고문을 맡았다. 해방병단의 모든 업무는 고문관과의 협의 하에 이루어졌다.

가장 큰 문제는 해방병단의 운영 유지에 필요한 예산이었다. 해방병단은 군사단체로 승인받은 1946년 1월 이전까지는 군정청으로부터 한 푼의 예산도 도움 받지 못했다. 손원일에게는 예산 지원을 받지 못한 그 기간이 가장 어려운 시기였다.

해방병단이 정식 군사단체로 승인을 받게 되자 약간의 예산이 배정되었다. 이에 따라 1946년 5월부터 비로소 해방병단 단원들은 월급과 보급품을 받을 수 있

---

11) 위와 같은 책, 48-50쪽.

12) 현역을 마친 군인이 일정 기간 복역하는 병역으로, 보통 때는 일상생활을 하다가 비상시 또는 연습 때에 소집되어 군무에 복무함.

었다.

해방병단이 정식 군사단체로 승인받고 예산과 인원을 늘리는 문제도 어느 정도 해결되자 손원일은 오랜만에 마음의 여유를 찾을 수 있었다.[13]

해군사관학교 창설

해방병단은 육군의 국방경비대와는 달리 과거에 해군 장교로 근무했던 사람들이 거의 없었다. 이런 현실을 걱정한 손원일은 서둘러 해군 장교를 양성하기 위한 학교를 설립하기로 했다.

사관학교 창설과 200명의 해방병단 단원을 모집하는 일은 카스튼 소령과 이미 합의한 사항이었다.

이에 따라 손원일은 해방병단이 창설된 지 한 달 뒤인 1945년 12월 중순, 서울에 있는 와이엠시에이(YMCA) 회관에 임시 사무실을 마련하고, 단원 모집과 함께 사관후보생을 모집하도록 간부들에게 지시했다. 간부들은 신문에 사관후보생 모집 공고를 내고, 거리

---

13) 오진근·임성채, 『해군 창설의 주역 손원일 제독(상)』, 50-52쪽.

에도 모집 벽보를 붙였다.

모집 공고를 보고 전국 각지에서 몰려든 젊은이들은 900여 명이었다. 이들을 대상으로 한 선발시험은 서울·부산·진해에서 동시에 치러졌다. 그 결과 이들 중 90명을 선발했다. 10대 1의 높은 경쟁률이었다. 바로 이들이 해군사관학교 1기생들이다.

인원 선발이 끝나자 손원일은 1946년 1월 17일 사관학교를 창설했다. 한국 측은 이를 해군병학교(海軍兵學校 : 지금의 해군사관학교)로 불렀다.[14)]

조선 말기에 설립된 해군사관학교가 없어진 이래 52년 만의 일이다.

조선 말기에 시작과 함께 폐지됐던 해군사관학교가 이제 해군과 함께 다시 설립된 것은 역사적인 일이었다. 손원일은 그 역사성에 가슴이 벅찼다. 군함도 없고 정부의 아무런 지원도 없이 의욕 하나만 가진 군대지만, 손원일은 제일 먼저 교육의 중요성을 강조했다. 무엇보다 앞으로 이 나라 해군을 이끌고 나갈 간부를

14) 위와 같은 책, 127-128쪽.

양성하는 일이 시급했기 때문이다.

해방병단장인 손원일은 해군사관학교의 초대 교장직을 함께 맡았다.

손원일은 해방병단을 창설할 때 공로가 많은 사병들에게도 해군사관학교에 들어갈 수 있도록 했다. 이들만을 대상으로 별도의 시험을 치러 23명을 추가로 입학시켰다. 이로써 해사 1기생은 모두 113명이 됐다. 이들은 3년간의 교육계획에 따라 수업을 받았으나 여러 가지 사정으로 말미암아 1년 만에 졸업하고 장교로 임관됐다.[15)]

예산이 배정되지 않았던 초기에는 사관생도들도 해방병단 단원들처럼 의식주를 해결하는 일이 몹시 어려웠다. 한창 먹어야 할 나이의 젊은 청년들이 배고픔의 고통을 참기란 쉬운 일이 아니었다. 그들은 일본군이 남기고 간 식량마저 모두 거덜 나자 밀가루 죽으로 주린 배를 채워야 했다.

배고픔 속에서도 고된 교육훈련은 계속되었다. 일본

15) 해군사관학교 편, 『해군사관학교 50년사』, 42-43쪽.

해군 복장에 일본식 무장을 한 사관생도들이 미군 하사관으로부터 미국식 훈련을 받는 모습은 그야말로 어색하기 짝이 없었다.

사관생도의 정복은 지난날 일본 해군들이 입던 옷이었고, 신발 역시 일본의 육군화였다. 일제의 남은 찌꺼기를 씻어 내지 못해 복장이나 내무생활 등 모두가 일본 해군 식 그대로였던 것이다. 이를 해결 할 다른 방도가 없었기 때문이다.

그뿐만이 아니었다. 생도들이 공부하는 교실은 비좁기가 이를 데 없었고, 제대로 갖추어진 교육시설이나 교과서도 없었다.

이러한 열악한 환경이 계속되자 학교를 그만두는 생도들이 연이어 나타났다. 그러나 해사 1기생으로서 해군의 선구자가 된다는 긍지를 굳게 지닌 생도들은 이를 악물고 온갖 어려움을 참아냈다.

힘든 나날을 견딘 생도들이 당시 가장 궁금해 했던 것은 해방병단과 해군사관학교 총책임자의 '실력'과 '인품'이었다. 그들은 총책임자가 훌륭한 지휘통솔력과 실력을 갖춘 믿을만한 사람이라면 그 어떤 어려움

도 견뎌내겠다는 생각을 갖고 있었다.[16)]

손원일은 2월 초순부터 1기생들에게 직접 항해술을 가르쳤다. 앞으로 우리 해군을 이끌어 갈 사관생도들 앞에서의 첫 수업인지라 그의 가슴은 부풀었다. 생도들 또한 총책임자의 실력이 어떠한지 알고 싶어 잔뜩 기대에 부풀어 있었다.

손원일은 영문으로 된 항해술 책자를 펼쳐 놓고 항해술을 가르치기 시작했다.

첫 수업은 자기나침의에 관한 내용이었다. 생도들은 강의 자체보다 손원일의 유창한 영어 실력과 잘생긴 얼굴, 그리고 우렁찬 목소리에 완전히 빠져들었다. 한마디로 그는 멋진 신사였다. 생도들 대부분은 '저런 분이 이끌어 가는 해군이라면 그 어떤 어려움이 있더라도 믿고 따르겠다'는 마음가짐을 갖게 됐다. 손원일은 생도들에게 한 달 동안 항해술을 가르쳤다. 그는 항해술을 가르치는 동안 틈틈이 해군 장교가 갖추어야 할 통솔력과 덕성, 그리고 미래상을 심어 주는 강의를 했다.

---

16) 홍은혜, 『우리들은 이 바다 위해』, 137-138쪽.

손원일은 해방병단장으로서 해야 할 일이 너무나 많았다. 이때문에 그가 계속 해군사관학교 교장을 함께 맡는다는 것은 무리였다. 그는 1946년 3월에 교장 직을 그만두고 다른 장교를 교장으로 임명했다.

손원일은 학식과 무예를 겸비한 장교를 양성하려면 일반 대학교처럼 군사과목 외에 교양과목도 함께 가르쳐야 한다는 생각을 갖고 있었다. 그래서 교양과목의 교육은 일반 대학교의 민간인 교수들을 초빙해 가르치도록 했다.[17]

군사학 과목의 교육은 주로 진해고등해원양성소 출신들에게 맡겼다. 진해고등해원양성소는 광복 전까지 127명의 한국인 상선사관을 길러냈는데, 그 중 47명이 해군 건설에 참여했다.[18] 이들은 군대처럼 규율이 엄격한 진해고등해원양성소에서 해군에 필요한 교육을 받았기 때문에 생도들을 가르치는 데는 큰 어려움이 없었다.[19]

---

17) 오진근·임성채, 『해군 창설의 주역 손원일 제독(상)』, 130-132쪽.

18) 김재승, 『진해고등해원양성소 교사』, 209-352쪽.

19) 위와 같은 책, 224쪽.

해사 1기생들은 약 6개월간의 학교 교육을 마치고 배를 타고 실습을 하게 되었다. 손원일의 요청으로 우리나라 38도선 이남 해역을 경비하고 있는 미국 해군의 구축함들에 나누어 타고 실습을 할 수 있었다.

1946년 12월 어느 날, 손원일은 부산에 입항한 미국 구축함을 방문했다. 실습 중인 생도들을 격려하고 미국 구축함장에게 감사의 인사를 전하기 위해서였다. 미국 함장은 손원일을 반갑게 맞이하며 이러한 말을 건넸다.

"한국의 해군 사관생도들은 배우고자 하는 열의가 대단합니다. 함정의 조종술이나 운용법 등을 짧은 기간에 터득하는 걸 보니, 조만간 어느 나라 사관생도와 비교해도 손색이 없을 거라 판단됩니다."

손원일은 자신이 칭찬을 받은 것보다 더 기뻤다.[20]

해군사관학교의 인기는 날이 갈수록 치솟았다. 그 이유는 몇 개월만 교육하고 졸업시킨 초기 육군사관학교와 달리 해군사관학교는 교육 기간이 3년간이어서

20) 홍은혜, 『우리들은 이 바다 위해』, 137쪽.

공부를 충분히 할 수 있다고 믿었기 때문이었을 것이다. 그래서 학비를 낼 수 있는 능력이 없는 대학 재학생들도 많이 응시했다.

6·25 전쟁이 일어났을 때, 손원일은 재학 중이던 해군사관생도들을 최전방으로 보내지 않았다. 손원일은 생도들을 전투에 참가시킬 경우 아까운 인재들이 희생될 것을 우려해 후방에서 방어임무를 맡도록 했다. 그는 전쟁 중임에도 불구하고 해군사관생도들에게 3년간의 교육기간을 그대로 유지시켰다. 손원일이 교육의 중요성을 얼마나 중시했는지를 알 수 있다. 전쟁 중에도 계속 교육을 받았던 생도들이 결국 해군 건설에 중요한 인재로 쓰였다.

손원일은 틈나는 대로 사관학교 생도들과 대화를 나누면서 그들의 애로사항이 무엇인지를 파악하여 이를 해결해 주려고 애썼다. 그 중 하나가 비좁기 이를 데 없던 사관학교 교사를 옮기는 일이었다.

해방병단 총사령부 건물 안에 자리 잡았던 해군사관학교 교사는 말할 수 없이 비좁았다. 때마침 진해고등상선학교가 인천으로 옮기자 손원일은 사관학교를 진

말에 어쩔 줄 몰라 했다. 그는 잠시 생각한 후 미안한 표정을 지으며 낮은 목소리로 말했다.

"한국의 해군사관학교가 이렇게 엄격한 곳인 줄 미처 몰랐습니다. 이 일은 없었던 걸로 합시다."

이렇게 해서 러치 장군의 청탁은 없었던 일이 됐다.[22]

조선해안경비대 총사령관

군사단체로 승인을 받은 해방병단은 미국 군정청 국방사령부를 통해 제도를 만들고 인원을 채우면서 부대를 설치해 나갔다. 해방병단은 창설된 다음날에 진해로 내려왔지만, 손원일은 주로 서울에서 지냈다. 국방사령부와 협조하고 해결해야 할 일들이 많았기 때문이다. 국방사령부와의 협조는 대부분 손원일이 직접 챙겼다.

해방병단이 창설된 후 약 3개월 동안 단원들은 계급과 군번이 없었다. 편의상 나이가 많으면 '선생님'으로, 젊으면 '군(君)'으로 불렀다.[23]

---

22) 손원일, 「나의 이력서(39회)」, 『한국일보』, 1976년 11월 24일.
    오진근·임성채, 『해군 창설의 주역 손원일 제독(상)』, 148-149쪽.

손원일 제독 가족사진
출처 : 홍은혜, 『우리들은 이 바다 위해』, 16쪽

1946년 2월 1일, 단원들의 나이와 과거 경력을 따져 해방병단 장교들에게 계급과 군번을 정해주었다. 장교 계급은 대한제국시대의 육군 계급을 참고해서 제정했다. 위관장교의 계급은 견습사관(준위) 참위(소위) 부위

23) 해군본부 군사연구실 편, 『해군일화집 제4집』, 9쪽.

(중위) 정위(대위)로, 영관 장교는 참령(소령) 부령(중령) 정령(대령)으로 구분했다.

손원일에게는 참령의 계급과 해군 장교로서 제1호인 80001이란 군번이 주어졌다.[24)]

1946년 6월, 미국 군정청은 국방사령부의 이름을 통위부로 바꿨다. 해방병단의 이름도 조선해안경비대로 변경되었다. 아울러 해방병단 총사령부가 조선해안경비대 총사령부로 바뀌게 되면서 손원일은 조선해안경비대 총사령관이 되었다.[25)]

부대를 창설하고 사람을 모집해 관리하려면 무엇보다 예산이 필요했다. 해방병단 시절에 예산이 없었던 어려움을 뼈아프게 경험한 손원일로서는 예산을 배정받기 위해 군정청 간부들을 설득하는 등 많은 노력을 기울였다. 그 결과 1946년 4월부터 비로소 예산을 받을 수 있었다.

---

24) 국방부전사편찬위원회 편, 『국방사(1945.8-1950.6)』, 208쪽.
25) 국방군사연구소 편, 『건군50년사』, 32-36쪽.

광복 1주년 기념 조선해안경비대의 시가행진 모습(1946. 8. 15)
출처 : 해군본부, 『바다로 세계로-사진으로 본 해군50년사-』, 17쪽

광복 후 1년이란 세월이 훌쩍 흘렀다. 광복 1주년을 맞이한 1946년 8월 15일, 전국 각지에서는 다채로운 기념행사가 열렸다.

서울에서 개최된 기념행사에는 조선해안경비대원 400여 명이 참가했다. 조선해안경비대원들은 처음으로 하얀 정복을 입고 서울 시내 거리에서 시가행진을 했다.

조선해안경비대에 배치된 미국 고문관들은 바다와 배에 대해 잘 알지 못했다. 이들은 지난해 9월 남한에 상륙한 미국 육군들이었다. 그래서 조선해안경비대가 이들을 이해시키면서 일을 해나가는 데에는 많은 어려움이 뒤따랐다.

손원일은 고문관을 미국 해안경비대나 해군으로 바꾸어 줄 것을 여러 차례 군정청에 요청했다. 그 결과 미국 해안경비대 장병들로 구성된 고문단이 1946년 9월 한국에 왔다. 이들이 온 목적은 조선해안경비대의 교육훈련과 군수지원 등 여러 가지 일을 도와주기 위한 것이었다.

미국 고문관들은 마치 자기 일처럼 적극적으로 조선해안경비대를 도왔다. 같은 해안경비대라는 점에서 서로 간에 이해와 협조가 잘 이루어졌다. 이때문에 미군으로부터 함정을 받아 오고 장비와 보급품을 도움받는 일이 그 전보다 훨씬 수월해졌다.

조선해안경비대 총사령부는 진해에 있었기 때문에 예산을 편성하고 보급을 받는 등 통위부와의 일처리에 많은 어려움을 겪었다. 손원일은 이러한 어려움을 통위부장에게 설명하고 총사령부를 서울로 옮겨 줄 것을 건의했다.

해안경비대 총사령부 건물을 배경으로 해군창설 2주년 기념촬영(1947. 11. 11)
출처 : 해군본부, 『바다로 세계로-사진으로 본 해군50년사-』, 16쪽

1946년 10월, 통위부장은 총사령부의 서울 이전을 승인했고, 손원일은 비로소 수도 서울에서 총사령관의 업무를 새롭게 시작할 수 있었다.

총사령부가 서울로 이전한 날, 손원일은 부령(중령)으로 승진했다.

조선해안경비대 대원들의 교육과 훈련은 미국 고문관에 의해 이루어졌다. 미국 고문관들의 적극적인 도움으로 조선해안경비대는 짧은 기간에 미군으로부터 함정을 받고 교육훈련을 하면서 빠르게 성장했다. 대원들의 얼굴에는 활력이 넘쳤다.

손원일은 부령으로 승진한 지 3개월 후인 1947년 1월 대령으로 승진했다. 손원일이 이렇게 빨리 승진한 이유는 조선해안경비대의 발전 속도와 규모를 고려할 때, 총사령관은 대령급이 맡아야 할 필요성이 있었기 때문이다.

조선해안경비대라는 군대는 국민들에게 낯설었다. 당시까지만 해도 우리나라 국민들은 바다로의 진출에 관심이 적었던 때문이다. 이때문에 손원일은 조선해안경비대를 국민들에게 널리 알릴 수 있는 방법을 생각해냈다. 그리하여 1948년 1월, 서울중앙방송국의 라디오 전파를 통해서 조선해안경비대를 국민들에게 처음으로 소개했다.[26)]

26) 오진근·임성채, 『해군 창설의 주역 손원일 제독(상)』, 121-126쪽.

5 초대 해군참모총장

1948년 5월 10일, 38도선 이남의 남한에서 국회의원 총선거가 실시되고, 8월 15일에는 대한민국 정부가 수립되었다. 역사적인 기념식이 중앙청 광장에서 열렸다. 기념식이 끝난 후에는 조선해안경비대가 육군인 조선경비대와 함께 사열식과 시가행진을 펼쳐 독립국가 국군으로서의 면모를 처음으로 국민들에게 선보였다.

경축식이 열리기 며칠 전, 손원일은 국방부장관을 찾아가 경축 퍼레이드 문제를 의논했다. 장관은 선뜻 결심을 하지 못하고 망설였다.

손원일은 "저희가 모든 것을 알아서 처리할 테니 장관님께서는 모르는 체하고 계십시오"라고 말한 뒤 한 마디를 덧붙였다.

"장관님, 조선경비대 총사령관에게 퍼레이드를 준비하라고 지시해 주십시오."

장관 집무실에서 나온 손원일은 곧장 퍼레이드 준비에 들어갔다. 그의 머릿속에는 어떻게 하면 퍼레이드를 멋지게 할 수 있을까 하는 생각으로 가득 차 있었다.

손원일은 조선해안경비대가 독립된 조국의 위풍당당한 해군이란 사실을 국민들에게 널리 알릴 수 있는 가장 좋은 방법이 무엇인지를 고민한 끝에 퍼레이드에 참가할 장병들의 모자에 '대한민국해군'이라고 새긴 띠를 두르도록 했다.

퍼레이드는 순조롭게 진행돼 드디어 조선해안경비대의 사열이 시작됐다. 흰색 유니폼과 정모에 '대한민국해군'이라고 쓴 띠를 두른 산뜻한 차림의 조선해안경비대 대원들이 보무당당하게 행진해 들어오자 연도를 가득 메운 시민들은 일제히 환호와 박수를 보냈다. 그러자 그때까지 사열대에 앉아 있던 대통령과 정부

대한민국 정부 수립 기념행사에서 해군의 사열을 받는 정부요인들
(서울 세종로, 1948. 8.15)
출처 : 해군본부, 『바다로 세계로-사진으로 본 해군50년사-』, 24쪽

요인, 그리고 외교사절들도 일제히 자리에서 일어나 큰 박수로 이들을 맞았다. 벅찬 감격의 순간이었다. 경축행사장은 이내 감격과 흥분의 도가니로 변했다.

손원일은 후에 그때의 감격적인 순간에 대해 "지난 2년 9개월 동안의 갖은 고생과 어려움이 한순간에 눈 녹듯이 풀려 나가는 느낌이었다"고 술회했다.[1)]

---

1) 손원일, 「나의 이력서(41회)」,『한국일보』, 1976년 11월 27일. 홍은혜, 『우리들은 이 바다 위해』, 143-144쪽.

국군 창설은 이후 국군조직법에 의한 공식적인 절차가 남아 있었지만, 그날의 사열식은 사실상 국민들과 대통령에게 우리 국군의 모습을 알리는 신고식이나 다름없었다.

퍼레이드를 눈여겨보던 이승만 대통령은 사열식이 끝나자 손원일에게 다가와 어깨를 두드리며 칭찬을 아끼지 않았다.

"국군이 창설되기도 전에 해군이 먼저 탄생한 셈이구먼. 의욕과 패기에 넘친 모습이 아주 보기 좋았어."

사실 손원일은 대통령으로부터 좋지 않은 말이라도 듣지 않을까 내심 걱정하던 차였는데, 예기치 않은 대통령의 칭찬에 한없이 고무됐다. 대통령이 칭찬했다는 말을 전해들은 조선해안경비대 대원들 역시 기뻐했고, 그동안 어렵게 행사를 준비해온 보람을 느꼈다.

감격적인 정부수립 경축행사가 끝나자 국방부장관도 손원일에게 다가와 그의 손을 잡고는 "잘했소, 아주 잘했소"라는 말을 연발하며 기뻐했다.

조선해안경비대가 아직 해군으로 정식 출범하기도 전에 '대한민국해군'이라고 써 붙이게 한 것은 손원일이 역사의 진행방향을 올바르게 읽고 취한 대담한 행동이었다.

조선해안경비대원들은 사열대 앞을 통과 후 조선경비대와 더불어 서울의 주요 거리를 행진했다. 시민들의 환호와 박수는 그칠 줄을 몰랐다.

1948년 8월 15일, 대한민국 정부수립이 공포됨으로써 약 3년간에 걸친 미군의 통치가 끝났다. 아울러 국방부가 설치됨으로써 통위부의 모든 업무는 국방부로 옮겨졌다.

조선해안경비대와 조선경비대는 9월 5일에 해군과 육군으로 그 이름이 바뀌었다. 조선해안경비대 총사령부는 해군본부로 바뀌고, 손원일은 해군총참모장 곧 해군참모총장이 됐다.

1948년 12월 10일, 손원일은 대령에서 준장으로 승진했다. 같은 날 육군 4명도 준장으로 승진했다. 정부수립 후 처음으로 장성이 된 이들 5명의 준장 승진식은 중앙청 광장에서 성대하게 치러졌다. 이로써 손원일은 대한민국 최초의 해군 제독이 됐다.[2)]

초대 해군총참모장 손원일 제독의 집무 광경
출처 : 해군사관학교 박물관, 『탄신 100주년 손원일 제독 특별전 도록』, 22쪽.

이듬해인 1949년 2월 4일, 손원일은 소장으로 승진했다

해군총참모장이 된 손원일은 한국 해군이 앞으로 나아가는 데 해군 장병들이 가져야 할 정신적 표어의 필요성을 느꼈다. 충무공 이순신이 국가와 민족을 위해

---

2) 국방군사연구소 편, 『건군50년사』, 42-44쪽.

목숨을 바친 것처럼 한국 해군도 국가와 민족을 위해 충성해야 한다는 것이 손원일의 생각이었다. 그래서 그는 '국가와 민족을 위하여 이 몸을 삼가 바치나이다'라는 글귀를 해군 표어로 내걸었다. 그리고 이를 실행하기 위해 장병들에게 6가지 실천지침을 밝혔다.[3)]

1. 군인은 국가에 충성하고 국민을 경애하자.
2. 군인은 명령을 지키고 책임을 다하자.
3. 군인은 명랑 활발하고 신의를 지키자.
4. 군인은 정치담을 말고 도별담을 폐지하자.
5. 군인은 충무공 정신에 살고 충무공 정신에 죽자.
6. 군인은 관품을 애호하고 물자를 절약하자.

실천지침 가운데 특이한 것은 바로 4항의 '군인은 정치담(정치 이야기)을 말고 도별담(출신 도별로 끼리끼리 이야기)을 폐지하자'는 부분이다. 이는 해군 창설 초기부터 손원일이 군인의 정치 참여와 출신지별로 파벌을 만드는 좋지 않은 행동들을 미리부터 막아 보려고 애쓴 사실을 잘 보여주는 대목이다.

---

3) 해군사관학교 편, 『대한민국해군사관학교 50년사』, 27-28쪽.

해병대사령관으로부터 자신의 '해군 표어'를 증정 받고 있는 손원일 국방부장관
출처 : 해군본부, 『바다로 세계로-사진으로 본 해군50년사-』, 4쪽

장병들의 인사기록카드에 출신지 칸을 없애고 현주소만을 쓰도록 한 사실에서도, 출신지별로 파벌을 만들거나 지역감정을 없애려 했던 그의 의지를 읽을 수 있다. 뿐만 아니라 그는 장병들의 진급이나 인사명령을 내릴 때도 출신 도나 출신학교 등을 무시하고 전적으로 능력과 경력 위주로 했다.

손원일이 이렇게 한 데는 나름의 이유가 있었다. 어

릴 때 그는 상하이 임시정부 의정원 의장이던 아버지가 의원들의 파벌싸움을 보고 탄식하는 말을 수없이 들었다.

"조그마한 나라에서 무슨 놈의 남도 북도를 구분하는가. 나라 빼앗긴 것만도 서러운데. 그것도 남의 나라 땅에서 독립운동하는 처지에 단합은 안 하고 서로 헐뜯고 비방만 하니 한심하고 서글픈 일이야. 우리가 나라를 빼앗긴 것도 다 그러한 파벌싸움 때문인데, 아직도 정신들을 못 차리고 있으니…."

손원일은 상하이에서 아버지가 탄식하던 이 말을 늘 마음속에 담아두고 있었던 것이다.[4)]

대한민국 정부가 수립된 지 1주년이 되었다. 손원일은 정부수립 1주년을 기념하고 발전된 해군의 모습을 널리 알리기 위해 인천에서 편대기동훈련을 하기로 했다.

손원일은 정부수립일 다음날을 행사일로 정하고 9척의 함정으로 편대를 구성해 사격훈련 등 여러 종목을 연습시켰다.

---

4) 손원일, 「나의 이력서(12회)」, 『한국일보』, 1976년 10월 14일.

이승만 대통령을 수행하고 있는 손원일 해군총참모장
출처 : 해군사관학교 박물관, 『탄신 100주년 손원일 제독 특별전 도록』, 46쪽.

드디어 1949년 8월 16일, 손원일이 이승만 대통령과 함께 기함(함대의 사령관이 탄 군함)에 오르자 편대기동훈련이 시작됐다. 대통령과 정부각료, 국회의원 등 각계 인사들과 부두에서 이를 지켜보던 많은 인천시민들은 함정들의 다채로운 편대기동훈련에 아낌없는 박수를 보냈다. 이날의 행사는 대한민국 해군의 발전된 모습

을 우리 국민들에게 보여주었다.[5)]

해병대 창설

해병대 창설은 여수·순천 10·19사건 즉 여·순사건이 계기가 되었다. 여·순사건은 1948년 10월 19일에 당시 여수에 주둔하고 있던 육군 제14연대의 남로당(남조선노동당의 준말로 조선공산당의 한 파벌) 계열의 장병들이 일으킨 반란사건이다.

1948년 4월 3일에 발생한 제주도 4·3사건이 정부수립 이후에도 완전히 진압되지 않자 정부는 계속해서 경찰과 군대를 보내야만 했다. 이에 여수에 주둔하고 있던 육군 제14연대가 그 해 10월에 제주도 공비토벌을 위해 출동명령을 받게 됐다.

제주도에 출동한다는 중요한 정보를 탐지한 남로당은 제14연대 내 남로당 조직책임자에게 "출동 직전에 반란을 일으키라"고 명령했다. 이리하여 부대가 제주도로 출동하기 직전인 10일 19일에 반란을 일으켰다.

---

5) 오진근·임성채, 『해군 창설의 주역 손원일 제독(상)』, 193-206쪽.

반란군들은 여수 시내 지서(파출소)를 습격하고 경찰서를 불태웠으며, 경찰과 주요 인사들을 학살하고 은행을 터는 등 약탈행위를 서슴지 않았다. 그 뿐 아니라 순천에서는 경찰서장을 밧줄로 묶어 끌고 다니다 총살한 후 시체 위에 기름을 끼얹고 불태우는 천인공노할 만행을 저질렀다.[6)]

반란이 일어났던 날, 해군 통영함(JMS-302)은 맥아더라인(McArther Line)[7)]을 침범한 일본 어선 2척을 붙잡아 여수세관에 인계하기 위해 여수항에 들어갔다. 이 해군 함정이 처음으로 반란 소식을 해군본부와 국방부로 보고했다.

정부는 여수·순천 지역에 계엄령을 선포하고 육군과 해군 함정을 보내 반란군을 진압했다.

반란군들이 여수·순천 지역에서 자행한 참상은 차마 형언할 수 없을 정도로 참혹했다. 해군은 해안을

---

6) 국방군사연구소 편, 『건군50년사』, 64-66쪽.

7) 맥아더라인은 미국 극동군사령관 맥아더 장군이 1945년 9월 2일 일본 주변 해역에 설치한 해상경계선으로, 이 선 밖에서는 일본 어선의 어로활동이 금지됐다.

틀어막고 반란군에게 함포사격을 해서 많은 성과를 거두었으나 상륙해서 직접 반란군들을 진압하지는 못했다. 손원일은 '해군에 육전대(해병대)가 있었더라면 반란군을 일찍 진압해 무고한 시민들의 죽음을 막을 수 있었을 텐데…'하며 몹시 아쉬워했다.[8)]

해군은 제주도 4·3사건 때부터 폭도들의 해상 탈출을 막거나 군대 및 경찰 병력과 군수품을 수송하는 일들을 맡았다.

여·순사건의 진압작전에서 해군은 육지의 반란군을 빤히 보고도 무찌를 방법이 없어 안타까웠다.

손원일은 국방의 한 분야인 해상 방위를 담당하고 있는 책임자로서 가만히 있을 수 없었다. 그는 언젠가는 미군처럼 해병대를 가져야겠다는 생각을 오래전부터 갖고 있었다. 그렇지만 정부가 수립된 지 얼마 되지 않았고, 정부 예산도 부족한 상태에서 해병대를 창설한다는 것은 시기상조라고 보았다.

그러던 중 여·순사건 진압작전에 참가했던 해군 지

8) 오진근·임성채, 『해군 창설의 주역 손원일 제독(상)』, 214-225쪽.

휘관들이 육전대의 필요성을 말하고, 대부분의 해군 간부들도 같은 생각을 하게 됐다. 이에 따라 손원일은 이 문제를 깊이 생각하지 않을 수 없었다. 공교롭게도 두 건의 반란사건이 해안을 끼고 있는 제주도와 여수에서 발생했는데, 정부는 이의 진압작전에서 어려움을 겪었다.

손원일은 대통령과 국방부장관에게 해병대 창설을 건의하기로 했다.

그는 먼저 국방부장관에게 여·순사건의 진압작전을 보고하면서 해병대 창설이 필요함을 강조했다.

"3면이 바다로 둘러싸인 우리나라에서는 상륙군이 필요하다고 봅니다. 특히 해안을 끼고 있는 도시에서 반란이 일어날 경우에는 상륙군을 바다로부터 들여보내는 것이 가장 좋은 방법입니다. 우리 해군에도 과거 일본 육군 출신들이 많이 있으니까 그들을 모아서 해병대를 조직할까 합니다."

국방부장관으로부터 동의를 얻은 며칠 후, 손원일은 대통령에게 해병대 창설을 건의했다. 그러잖아도 여·순사건으로 국가 안보에 대한 위협을 심각하게 느끼고 있던 이승만 대통령은 이를 쾌히 승낙했다.

마침내 1949년 4월 15일, 역사적인 해병대 창설식이 진해에서 있었다. 손원일은 신현준 중령을 해병대사령관으로 임명했다.

해병대 창설식에 손원일은 가지 않았다. 해군본부의 한 참모가 손원일 총참모장에게 그 이유를 물었다. 손원일은 "나는 앞으로 해병대 일은 사령관에게 일임하려고 하네. 오늘은 누구보다도 사령관이 빛나야 하는 날이야"라고 말했다.

해군총참모장 손원일은 해병대에 관한 모든 권한을 전적으로 해병대사령관에게 맡겼으며, 해병대사령관이 결정한 사항에 대해서는 반대하는 일이 거의 없었다.

그는 자기가 뽑은 사람을 어느 자리에 임명하면, 임명된 그에게 모든 일을 믿고 맡겼다. 손원일이 얼마나 그릇이 큰 인물인가를 알아볼 수 있는 일화이다.[9)]

국민들의 성금을 모아 최초의 전투함 백두산함 구입

우리 해군이 그동안 미국으로부터 많은 함정을 들여

9) 위와 같은 책, 226-241쪽.

왔지만 그 중에 전투함은 한 척도 없었다. 이때문에 손원일은 기회가 있을 때마다 고문관을 통해 미국으로부터 전투함을 지원받기를 희망했다. 그러나 미국의 정책이 '전투함을 외국에 주거나 팔지 않는다'는 것이었으므로 사실상 한국 해군은 미국으로부터 전투함을 기대할 수 없게 됐다.[10)]

손원일은 함포와 레이더 등 주요 장비를 외국에서 구입해 설치하기로 하고, 국내에서 군함을 건조하기로 작정했다. 군함을 건조하거나 사오는 데는 많은 자금이 필요했지만, 당시 우리 정부 예산 규모로는 엄두를 낼 수 없었다. 손원일은 자금을 마련할 방법을 찾기 위해 몇날며칠을 고심했다.

그러던 중 과거 일본 해군이 국민들로부터 널리 해방헌금을 모아서 군함을 건조한 사실이 손원일의 머리를 스쳤다.

"바로 그거야!"

그는 역사 속에서 생각을 빌리기로 했다.

---

10) 국방부전사편찬위원회 편, 『국방사(1945.8-1950.6)』, 362-363쪽.

손원일은 자금을 모으기 위한 가장 좋은 방법은 오로지 모금운동뿐이라고 생각했다. 더욱이 이를 국민운동으로 널리 퍼뜨린다면 국민들에게 해군의 중요성을 알릴 수 있는 좋은 기회도 될 수 있었다. 손원일은 먼저 해군에서 함정 건조를 위한 기금 모금운동을 벌이기로 했다. 그는 1949년 6월에 자신을 위원장으로 하는 위원회를 구성하고 모금운동에 들어갔다.

해군 장병들은 기금 모금운동에 적극적이었다. 쥐꼬리만한 월급이었지만 장교는 월급의 10%, 병조장은 7%, 하사관과 수병은 5%를 매월 월급에서 군함 건조 기금으로 내놓았다.[11] 이 운동은 점점 확대돼 해군부인회에서도 바자회 등을 열어 번 돈을 기금에 보탰다. 나중에는 일반 국민들도 기금 모금에 적극적으로 호응했다. 이리하여 불과 4개월 만에 목표로 정한 1만 5000달러의 기금을 모을 수 있었다.

모금 기간 중 해군본부에서는 군함 건조 방안을 깊이 있게 검토했다. 그 결과 해군 조함창의 건조 경비가

---

11) 해군본부 전사편찬관실 편, 『대한민국해군사 행정편 제1집』, 69쪽.

한국 해군 최초의 전투함 백두산함
출처 : 해군사관학교 박물관,『박물관도록』, 134쪽

구입 가격보다 더 들 것으로 판단되었다. 그래서 당초의 계획을 바꿔 해외에서 군함을 사 오기로 결정했다.

1949년 9월 중순, 손원일은 함정을 구입하려는 계획을 대통령에게 보고했다.

이승만 대통령은 해군 장병들의 기금 모금운동에 칭찬을 아끼지 않았다. 그리고는 정부의 보조금이라며 큰 봉투 하나를 손원일에게 건네주면서 "애드미럴 손[12]이 직접 미국에 가서 군함을 사오도록 해"라고 말했다. 손원일은 경무대(대통령과 가족이 살고 있는 청와대의 옛 이름) 정문을 나서면서 그 봉투를 열어 봤다. 거기에는 4만 5000달러가 들어 있었다. 외환 사정이 극히 어려웠던 당시로서는 엄청나게 큰돈이었고 매우 특별한 일이었다.

이승만 대통령은 주미한국대사에게 구입할 수 있는 군함을 알아보도록 했다. 그때 마침 미국 연방상선사관학교에서 사용하고 있던 실습선을 팔려고 내놓았다. 그 실습선은 제2차 세계대전 때 미국 해군의 구잠함(PC)[13]으로 활동한 군함이었으나, 지금은 무기가 철거되고 연방상선사관학교의 실습선으로 이용되고 있었다.

손원일은 해군에서 모금한 1만 5000달러와 대통령에게서 받은 4만 5000달러를 합해 총 6만 달러를 들고 함정 구입에 나섰다.[14]

---

12) 애드미럴 손(Admiral Sohn)은 '손 제독'을 영어로 부르는 말로, 이승만 대통령은 기분이 좋을 때 손원일 제독을 이렇게 불렀다.

13) 구잠함, 곧 PC(Patrol Chaser)는 미국 해군이 독일 잠수함을 격퇴시키기 위해 만든 450톤급 군함이다.

14) 권주혁, 『바다여, 그 말하라!』, 2003, 62-63쪽.

1949년 10월 1일, 손원일은 그토록 바라던 전투함을 사러 미국으로 떠났다. 여의도 비행장에서 프로펠러 여객기를 이용했다. 손원일은 먼저 떠났고, 함정을 몰고 올 인수요원 15명은 며칠 뒤에 떠났다. 이들은 도쿄와 알래스카를 거쳐 뉴욕에 도착했다.

미국이 팔려고 내놓은 구잠함은 '3인치 포'[15)]가 철거되고 없었다. 미국 측은 이 배를 1만 8000달러에 내놓았다. 이 돈은 무기와 탄약 등을 제외한 단지 선체를 구입하는 비용이었다. 1949년 10월 17일, 한국 정부는 1만 8000달러를 지불하고 미국 연방상선사관학교로부터 그 배를 샀다.

며칠 뒤 도착한 우리 인수요원들은 그 배에서 먹고 자며 배의 정비에 매달렸다. 비용을 절약하기 위해서였다.

구잠함 인수요원들은 약 2개월에 걸쳐 배의 정비를 끝내고 명명식을 준비했다.

---

15) 포 구멍의 직경이 3인치 곧 7.62센티미터인 포를 말한다.

미국 뉴욕 항구에서 거행된 백두산함 명명식(1949. 12. 26, 백두산함상)
출처 : 해군본부, 『바다로 세계로-사진으로 본 해군50년사-』, 28쪽

12월 26일, 미국 뉴욕 항구에 정박 중인 구잠함의 갑판에서 명명식이 조촐하게 치러졌다.

명명식에는 손원일을 비롯해 주미대사, 뉴욕총영사 등 귀빈과 재미교포들이 참석했다. 손원일은 배 이름을 '백두산(PC-701)'으로 이름 짓고, 함장에게 명명장을 전달했다.

백두산함은 한국 해군의 첫 번째 전투함이 된 것이

다. 드디어 대한민국 해군은 그토록 갈망하던 전투함을 갖게 됐다. 그런데 이 배는 이름만 전투함이었지 함포나 레이더가 붙어있지 않았다.

함미(군함의 꼬리 부분)에 태극기가 올라가자 애국가가 울려 퍼졌다. 참석자들 모두가 울먹이며 애국가를 불렀다. 눈물 젖은 애국가였다.

명명식이 끝나자 손원일은 함장에게 안전하게 배를 몰고 갈 것을 당부했다.

함장은 백두산함을 몰고 뉴욕 항구를 출발했다. 대서양으로 접어들자 파도가 매우 거칠었다. 승조원들은 오랜만의 항해인지라 심한 뱃멀미에 시달렸다.

백두산함은 파나마 운하를 지나서 1950년 1월 24일에 하와이의 호놀룰루 항구에 도착했다. 하와이에 거주하는 교포들이 고국의 전투함이 들어온다는 소식에 큰 기대를 안고 부두로 나왔으나 미국 군함에 비해 너무나 작은 배를 보고는 실망하는 모습들이었다.

이틀 후 하와이 진주만의 미국 해군 수리창으로 이동한 백두산함은 이곳에 정박하며 3인치 포 1문이 설치되기만을 기다렸다. 백두산함의 3인치 포 설치는 미

하와이 진주만에서 3인치 포를 설치하는 백두산함(1950. 3.)
출처 : 해군 홍보물 『해군』

국 국방부와 국무부를 통해 대통령의 승인이 필요했기 때문에 시간이 많이 걸렸다. 결국 3월 중순께야 비로소 3인치 포를 설치할 수 있었다.

함수(군함의 머리 부분) 갑판에 3인치 포 1문을 설치한 백두산함은 바다로 나가 함포를 쏘아보았다. 포는 이상이 없었다.

1950년 3월 20일, 그동안 정들었던 교포들의 환송을 받으며 백두산함은 하와이를 떠났다. 귀국하는 도중에 백두산함은 괌 섬의 미국 해군기지에서 3인치 포탄 100발을 구입해 배에 실었다. 그리고 뉴욕 항구를 떠난 지 석 달 반의 긴 항해를 마치고 마침내 1950년 4월 10일 진해에 입항했다.[16)]

6·25 전쟁이 일어나기 불과 두 달 전이었다.

전투함 3척 추가 구입

손원일은 백두산함의 구입만으로 만족하지 않았다. 미국의 군함들을 본 후 욕심이 생겼다. 그는 뉴욕에서 백두산함을 고국으로 보낸 후 군함을 더 사기 위해 샌프란시스코로 달려갔다. 미국 해군 제독의 안내로 많

---

16) 권주혁, 『바다여, 그 말하라!』, 63-86쪽.
최영섭, 『6·25 바다의 전우들』, 23-24쪽.
오진근·임성채, 『해군 창설의 주역 손원일 제독(상)』, 272-290쪽.

은 군함들을 둘러봤다. 부두에는 제2차 세계대전이 끝난 후 퇴역한 군함들이 수없이 계류돼 있었다. 그 가운데는 2300톤급 호위함(PF : Patrol Frigate)도 있었다. 손원일은 자신을 안내하는 미군 제독에게 호위함을 살 수 있는지 물었다. 그는 척당 5만~6만 달러면 살 수 있을 거라고 값까지 알려주었다. 여러 종류의 군함을 직접 눈으로 확인한 손원일은 구잠함보다 크고 전투력이 우수한 호위함에 마음이 갔다.

손원일은 본국의 국방부장관을 통해 대통령에게 전투함을 더 사도록 건의했다.

한 두 척을 더 구입하라는 대통령의 승낙이 떨어졌다. 손원일은 호위함 구입을 위한 교섭에 들어갔다.

마침 미국 국방부의 한 고위 장성이 한국 정부에서 구입신청서를 제출하면 판매하겠다고 알려 왔다.

손원일은 대사관에서 작성한 구입신청서를 미국 국무부에 제출했다. 그런데 이게 웬 날벼락인가? 서류를 훑어보던 국무부 담당관의 대답은 호위함은 팔 수 없다는 것이었다. 손원일은 언성을 높였다.

"왜 안 된다는 겁니까? 지금 북한에서는 소련으로부

터 엄청난 양의 무기들을 들여다가 전투력을 증강시키고 있습니다. 당신은 공산주의에 대해서 잘 모르고 있는 것 같소. 그들은 머지않아 전 세계를 공산국가로 만들기 위한 전쟁을 벌일 것입니다."

그것은 엄연한 사실이었다. 이때 자유세계에서는 아무도 몰랐지만 실제로 이 무렵 북한의 김일성은 모스크바에서 소련 지도자들로부터 남침 허락과 지원을 약속받고 평양으로 돌아와 있었다.

손원일은 책상을 두드리며 공산주의의 실상에 대해서 담당관에게 큰 소리로 설명했다. 옆에 있던 주미한국대사가 손원일의 옆구리를 쿡쿡 찌르면서 말렸다. 그때서야 손원일은 끓어오르는 감정을 억누르고 차분한 어조로 그 담당관에게 말했다.

"지금 우리 한국은 소련과 같은 공산주의 국가들로부터 나라의 안전을 크게 위협받고 있습니다. 평화를 지키기 위해서도 그렇고 또 무력 침략을 막아내기 위해서도 우리는 호위함이 꼭 필요합니다."

그러나 담당관은 같은 말만 되풀이했다.

손원일은 하는 수 없이 그 곳을 나와 얼마 전에 만

난 적이 있는 미국 국방부의 고위 장성을 찾아갔다. 손원일이 자초지종을 얘기하자 그 장성은 곧장 손원일과 함께 국무부의 담당관에게 가서 호위함을 판매하지 않는 이유를 물었다.

담당관은 "전투함을 외국에 판매하지 않는다는 것이 국무부의 방침이고, 호위함 이상 전투함은 정부에서 직접 관리하기 때문에 팔수가 없다"고 설명했다. 그러면서 그는 호위함보다 톤수가 적은 군함은 살 수 있다며 그 방법을 알려주었다. 게다가 값싸게 사는 방법까지 알려주었다. 그 방법은 바로 국가 차원이 아닌 개인이 개인으로부터 군함을 사는 것이었다.

제2차 세계대전이 끝나면서 더 이상의 전쟁을 꺼리던 미국은 많은 군함들을 무장해제한 후 민간업자들에게 불하했다. 반면 무장된 전투함은 정부에서 직접 관리하면서 다른 나라에 파는 것을 금지했다.17)

당시 미국 정부는 주한미군이 철수하면서 넘겨 준 장비만으로도 북한의 단독 남침을 충분히 막을 수 있

17) 손원일, 「나의 이력서(42회)」, 『한국일보』, 1976년 11월 30일.

다고 잘못 판단했다. 또한 대포와 전차, 전투기, 전투함 등을 한국에 주면 오히려 한국군이 북한으로 쳐들어갈 것을 걱정했다. 그래서 미국은 한국에 공격용 무기를 주거나 파는 것을 상당히 꺼려했다.[18]

내내 미안한 마음을 감추지 못하던 미군 장성은 구잠함이라도 구입할 의사가 있는지를 물었다. 그리고 만약 구잠함을 구입할 의사가 있다면 자신이 민간회사를 소개해 주겠다고 했다. 손원일은 다음날 그가 써준 소개장을 가지고 미국 서해안에 위치한 한 항구로 달려갔다.

항구에는 수많은 군함들이 여기저기 흩어져 정박해 있었다. 신분을 감추기 위해 일부러 허름한 사복차림을 하고 간 손원일은 유태인 선주를 만나 구잠함을 사기 위한 흥정을 벌였다. 유태인 선주는 처음에 척당 2만 달러씩을 내라고 했다. 그러나 손원일이 아무 대답도 하지 않고 미소만 짓자 선주는 금방 1만 5000달러로 값을 내렸다.

18) 한용원, 『창군』, 177-178쪽.

손원일은 "척당 1만 달러면 사고 그 이상이면 살 수 없다"고 했다.

선주도 "고위 장성의 소개장을 가져왔기 때문에 1만 5000달러에 팔려는 것이지 그 이하로는 절대로 팔 수 없다"고 버텼다. 손원일은 한 번 더 튕겨 보기로 했다.

"그러면 좋소. 척당 1만 2000달러씩이면 3척을 사겠소."

그러자 잠시 고개를 들어 허공을 응시하던 선주도 이에 동의했다.

"좋습니다. 1만 2000달러로 합시다."

손원일은 유태인 선주의 말이 채 끝나기도 전에 한 가지 조건을 덧붙였다.

"그 대신, 그 배들을 롱비치(Long Beach) 항구까지 옮겨 주시오."

그 말을 듣자 선주는 난처한 기색을 보였다.

"지금, 그 배들은 스탁톤(Stackton)에 있는데 거기서 가져가면 안 되겠습니까?"

손원일은 스탁톤이든 어디든 일단 배를 롱비치까지 끌고 가려면 꽤 많은 비용이 들 것이란 생각에서 이런 조건을 내세웠던 것이다.

"정 그렇다면, 예인비로 척당 1000달러씩 더 내면 롱비치까지 끌어다 주겠습니다."

선주도 만만치 않았지만 손원일은 그보다 한 수 위였다.

"배처럼 덩치가 큰 물건을 팔 때에는 파는 쪽에서 사는 사람이 원하는 곳까지 옮겨다 주는 것이 원칙이지 사가는 사람이 예인비까지 지불하는 법이 어디 있습니까?"

"나는 물건을 팔면 그만이오. 배를 사서 해체하든지 예인하든지 그것은 사 가는 사람의 문제입니다."

"배를 판 사람이 예인하는 비용을 내야지 멀리 외국에서 온 사람이 예인비까지 낸다는 것은 있을 수 없는 일입니다."

두 사람은 예인비 때문에 무려 3시간 이상을 옥신각신했다. 이렇게 되자 선주는 "그러면, 예인비 3000달러를 서로 절반씩 부담합시다"하고 절충안을 제시했다. 그러나 손원일은 "나는 당신이 정한 배값을 기분좋게 다 지불하겠다고 했으니까 당신도 내가 원하는 예인비를 전부 부담하는 것이 도리가 아니겠소?"라고 하며 그의 제의를 거부했다.

손원일의 배짱은 이만저만이 아니었다. 한참을 생각하던 선주는 결국 손원일의 요구에 응했다.

"좋소, 내가 책임지고 롱비치까지 옮겨 드리겠소."

손원일은 속으로 쾌재를 불렀다. 그는 자신의 허점은 보이지 않는 반면 상대방이 허점을 보일 때에는 과감하게 공격하는 기회포착의 능력을 타고났다. 이런 기질은 운동을 할 때는 물론이고 훗날 국방부장관이 되어 미국과 군사원조 협상을 할 때에도 솜씨를 발휘했다.

이렇게 해서 손원일은 얼마 전에 1만 8000달러를 주고 산 백두산함과 똑같은 구잠함을 척당 1만 2000달러씩에 3척을 더 샀던 것이다. 며칠 뒤 유태인 선주는 3척의 구잠함을 약속대로 롱비치 항구까지 옮겨다 주었다.[19)]

1950년 3월 21일, 손원일은 해군본부에 전보를 보내 3명의 장교를 인수 선발대로 뽑아 미국으로 보내라고

19) 해군본부 정훈감실 편, 『해군일화집 제2집』, 182-185쪽.

급하게 지시했다.

손원일이 선발대원들을 급히 부른 것은 배의 정비 업무를 미국 사람들에게 맡길 경우 돈이 엄청나게 많이 들기 때문이었다. 3명의 장교들은 배의 상태를 자세히 조사한 후 정비계획서와 비용견적서를 작성해 손원일에게 제출했다.

3척의 군함을 세 사람이 정비한다는 것은 상상도 할 수 없는 일이었다. 그러나 우리 정부의 어려운 사정을 생각하고 외화를 절약하기 위해서 손원일은 구두쇠 작전을 폈던 것이다. 일손이 턱없이 부족해 손원일도 작업복으로 갈아입고 선발대원들과 같이 먹고 자고 하면서 정비일을 도왔다.

3명의 선발대원들은 숙소에서 배까지 왕복하는 시간조차 아까워 나중에는 짐을 모두 배에 옮겨다 놓고 정비작업을 했다. 그들은 먹고 자는 시간만 빼고 하루 종일 정비작업에 매달렸다.

그러던 어느 날, 조선소의 미국인 직원 한 명이 이들에게 다가와 어느 나라 사람들이냐고 물었다. 코리아(Korea)라고 대답하자 고개를 갸우뚱하더니 다시 물었다.

"코리아? 그게 어디에 있는 나라인지는 모르겠는데, 당신네 나라에는 시계도 없습니까?"

"시계가 없다니요. 우리도 다들 시계를 차고 있습니다. 그런데 그건 왜 묻습니까?"

선발대원 한 명이 손목에 차고 있던 시계를 내보이면서 이렇게 되물었다.

"아무리 봐도 쉬는 모습을 본 적이 없어서 물어보는 거요."

"그렇게 생각하는 것도 당연합니다. 우리는 나라를 잃었다가 얼마 전에야 다시 찾은 한국의 해군들입니다. 나라를 다시 일으켜 세우기 위해서는 하루가 48시간이라도 모자라는 형편입니다. 그러니 쉴 수가 있겠습니까?"

그러자 그는 알겠다는 듯이 고개를 끄덕이며 사라졌는데, 그 후부터는 미국인들의 태도가 확 달라졌다. 그들은 선발대원들의 정비작업을 적극적으로 도와주었다.[20]

대부분의 부속품은 유태인이 운영하는 중고품 가게

에서 구입했다. 어느 날 손원일은 작업복 차림으로 선발대원 한 사람과 함께 부속품을 사기 위해 유태인 중고품 가게에 갔다. 손원일이 물건 값을 깎자 그 가게 주인은 함께 간 선발대원에게 엄지손가락을 펴 보이며 '넘버 원' 표시를 하면서 "나라를 위해 물건 값을 깎는 당신들이야말로 진짜 애국자"라고 했다. 그러면서 곁들여 커피까지 대접했다. 함께 커피를 마시면서 그 주인은 선발대원에게 살짝 손원일의 계급을 물었다. 선발대원이 한국 해군에서 제일 높은 투 스타(two star : 소장)라고 하자 가게 주인은 깜짝 놀라며 일국의 해군 총수가 작업복 차림으로 고물상에서 부속품을 구입하는 것에 놀랐다면서 원하는 부속품이 없을 때에는 다른 가게를 소개해 주는 친절도 베풀었다.

이 무렵 롱비치 항구에는 각국의 외교관과 해군 장성들이 군함과 무기를 사기 위해 모여들었다. 이들은 대부분 많은 돈을 가지고 와서 국가 대 국가 간의 계약으로 함정을 구입한 후 인건비가 말도 못하게 비싼

20) 해군본부 군사연구실 편, 『해군일화집 제5집』, 24-25쪽.

미국인 기술자들에게 정비를 맡겼다. 선주들은 이들에게 엄청난 바가지를 씌워 크게 이익을 봤다. 이에 비해 손원일은 개인 대 개인 차원에서 배를 구입하여 거의 고철 값에 가까운 헐값으로 원하던 구잠함을 샀다. 그리고 정비도 우리 해군들 손에 맡기는 구두쇠 작전을 폈다. 덕분에 적은 돈으로 3척이라는 전투함을 살 수 있었다.[21] 애국자 손원일의 모습을 여기서 볼 수 있다.

1950년 4월 9일, 손원일은 해군본부로부터 한 통의 전화를 받았다.

"총참모장님, 백두산함이 진해에 무사히 도착했습니다."

"그래요!"

"4월 10일 오늘, 진해 통제부로부터 보고를 받고 전화드리는 겁니다."

"그러잖아도 많이 걱정을 했는데 잘되었소. 내가 함장한테는 얘기를 해 두었는데 전국을 순회하면서 그

---

21) 해군본부 정훈감실 편, 『해군일화집 제2집』, 185-187쪽.

분 1000톤급 무장 수송선과 4척의 어뢰정 그리고 발동선 30여 척으로 이루어진 북한군이 옥계 지역에 상륙했음"이라는 전문이 날아들었다. 회의장은 한동안 침묵이 흘렀다.

북한 지상군이 새벽 4시를 기해 전면 남침하기 30분 전에 특수부대를 태운 그들의 해군선단이 이미 동해안에 상륙했다. 6·25 전쟁은 해상으로부터 시작됐던 것이다.

오전 9시 해군본부는 전 부대에 전투준비 명령을 내렸다. 아울러 함정 지휘관들에게는 경비를 강화하고 적 함정을 발견하는 즉시 격침할 것을 지시했다.

백두산함은 동해안 옥계 지역에 상륙한 북한군을 섬멸하기 위해 6월 25일 오후 3시, 진해 기지를 급히 출항했다. 항해 중이던 백두산함은 오후 8시 12분 부산 동북방 약 50킬로미터 대한해협 해상에서 정체불명의 배 1척을 발견했다. 시커먼 연기를 내뿜으면서 계속 남쪽으로 내려오고 있는 것을 수상히 여긴 백두산함 함장은 그 배를 확인하기 위해 쫓아갔다. 확인한 결과 그 배에는 포와 기관총이 설치된 데다 무장한 군인들이 타고 있었다. 백두산함 함장은 그 배를 북한 해군 수송선으로 판단하고 해군본부에 보고했다. 해군본부는 이를 국방부에 보고한 후 사격명령이 떨어지기만을 기다렸다.

잠시 뒤 국방부장관으로부터 해군본부로 지시가 내려왔다.

"나, 국방장관이야. 지금 경무대에 와 있는데, 백두산함이 추적 중인 배가 적의 선박으로 판단되면 즉시 격침하도록!"

0시 30분, 해군본부로부터 사격명령을 받은 백두산함은 3인치 함포로 사격을 시작했다. 백두산함이 사격한 20발 가운데 5발이 적선에 명중돼 적 수송선은 1시 25분에 침몰됐다.

격침된 배는 북한 해군의 1000톤급 무장 수송선으로, 특수부대 요원 600여 명과 무기·탄약 등 많은 군수물자를 싣고 있었다.

이 전투에서 우리 해군도 2명이 전사하고 3명이 부상당했지만 아주 값진 승리였다.

대한해협 해전도
출처 : 해군사관학교 박물관,『박물관도록』, 100쪽

대한해협 해전은 전쟁 초기에 남해안에 상륙을 꾀하던 북한의 특수부대를 전멸시켰다는 점에서 그 역사적 의의가 매우 크다. 그때 만약 적의 특수부대원 600여 명이 부산 근처에 그대로 침입했더라면 6·25 전쟁은 전혀 다른 방향으로 진행됐을지도 모른다.

대한해협 해전의 승리로 대한민국은 부산항을 지켜낼 수 있었다. 그럼으로써 대한민국을 돕는 유엔군과

해군사관학교 해사반도에 설치된 백두산함의 마스트
(필자 촬영)

무기, 탄약, 장비 등 병참물자가 부산항을 통해 들어올 수 있었다. 그리고 국군과 유엔군이 인천상륙작전으로 낙동강까지 몰린 전세를 단번에 역전시킬 수 있는 토

대를 마련할 수 있었다.[3]

해군 장병과 국민들의 성금을 모아 전투함을 구입했던 손원일의 선견지명(앞일을 미리 짐작하는 밝은 지혜)이 실로 나라를 구한 것이다.

백두산함은 1959년 7월 1일 퇴역했으나 그 배의 마스트는 해군사관학교에 전시되어 있다.[4]

북한군은 국군과 유엔군의 방어선을 계속 뚫고 8월 1일에는 진주, 거창, 상주 등 낙동강 가까이까지 쳐들어 왔다.

8월 1일부터 12일 사이에 마산 부근 진동리 일대에서는 한국 해병대의 존재를 만방에 알리게 된 전투가 벌어졌다. 진주를 점령한 후 마산으로 진출하려는 적을 한국 해병대가 진동리에서 무찌른 것이다.

이 전투의 승리로 해병대 부대원 모두는 1계급 특진이란 영예를 안았다.

8월 16일, 북한군이 고성과 통영을 점령했다. 통영에 이어 거제도가 적의 수중에 들어갈 경우 부산까지

---

3) 최영섭, 『6·25 바다의 전우들』, 57-62쪽.

4) 오진근·임성채, 『해군 창설의 주역 손원일 제독(상)』, 323-327쪽.

위험해지는 것은 불을 보듯 뻔했다. 손원일은 진해에서 휴식하고 있던 해병대에게 명령을 내렸다.

"통영으로부터 거제도에 침입하려는 적을 섬멸하라."

마침내 우리 해병대는 통영에 상륙작전을 펼쳐 적을 섬멸하고 통영을 탈환하는데 성공했다.

통영전투는 한국 해군과 해병대가 처음으로 벌인 상륙작전이었다. 통영상륙작전의 승리로 부산에 대한 적의 측면 위협을 없애고, 암담했던 전세를 역전시키는 계기를 마련했다는 점에서 그 의미가 자못 컸다. 그뿐 아니라 후퇴만 거듭하던 국군 장병들에게도 승리할 수 있다는 자신감을 심어주었다. 또한 이 전투의 승리는 해병대가 국민 속의 군대로 확실히 자리매김하는 계기가 됐다.5)

해병대를 창설한 손원일의 밝은 지혜가 전쟁에서 그 효과를 톡톡히 나타내고 있었다.

---

5) 위와 같은 책, 341-348쪽.

인천상륙작전과 서울 탈환

1950년 9월 초, 전쟁 상황은 낙동강을 경계로 아군과 적군 간에 치열한 공방전이 벌어지고 있었다. 이때 미국 극동군사령관 맥아더 원수는 인천상륙작전으로 북한군을 몰아낼 준비에 골몰하고 있었다.

미국 합동참모본부는 상륙지로서 맥아더가 선정한 인천을 강력히 반대했다. 인천은 서울과 가까워 유리한 면도 있지만, 조석 간만의 차가 6미터 이상이나 되는 등 자연조건이 매우 불리하다는 이유에서였다. 그러나 맥아더 원수의 간곡한 건의를 받아들여 미국 합동참모본부는 인천상륙작전을 승인했다.[6)]

인천상륙작전 계획이 정해지자, 손원일은 맥아더로부터 상륙작전에 필요한 정보를 수집하라는 명령을 받았다.

이 명령을 전해들은 손원일은 '드디어 인천상륙작전이 진행되는 구나. 이제 머지않아 서울 탈환이 이루어지는구나'하는 생각에 가슴이 뛰었다.

손원일은 곧장 부산 경무대로 달려갔다. 그는 대통

6) 해군대학 편, 『한국해전사』, 300-302쪽.

령에게 유엔군이 인천에 상륙작전을 펼칠 계획이며, 상륙작전에 앞서 적의 정보를 수집하라는 맥아더 사령부의 명령을 받았다고 보고했다.

이승만 대통령은 맥아더의 작전계획에 대단히 만족했다.

"애드미럴 손, 잘해 주시오. 정보를 잘 수집해서 맥아더의 인천상륙작전이 반드시 성공하도록 힘써야 할 것이오. 우리의 생사(사는 일과 죽는 일)가 이 작전에 달려 있습네다."[7)]

손원일은 먼저 북한군이 점령한 인천 근해에 있는 영흥도·덕적도 등의 섬을 빼앗기로 했다. 그는 금강산함(PC-702) 함장에게 작전명령을 내렸다.

"금강산함 함장의 지휘 아래 백두산함(PC-701)·지리산함(PC-704)을 거느리고 덕적도와 영흥도를 탈환하라."

우리 해군 함정들은 상륙부대를 편성하여 덕적도와 영흥도를 탈환하는데 성공했다. 주목해야 할 것은 이들 함정들이 불과 한 달 전에 손원일이 미국에서 사온

---

7) 정일권, 『전쟁과 휴전』, 239쪽.

전투함들이었다는 사실이다.

한편 맥아더로부터 정보를 수집하라는 명령을 받은 바로 그날, 손원일은 해군본부 정보국장을 은밀하게 불러 정보수집 임무를 지시했다.

"자네의 활약이 바로 우리나라의 운명을 판가름하게 되네. 알겠나? 모든 일은 극비야, 극비. 자네만 믿네!"

정보국장은 이날 밤 손원일의 사무실을 나와 곧장 공작요원 선발에 들어갔다. 인천 앞바다의 영흥도를 활동의 근거로 삼아 인천·수원·서울 등지까지 잠입해 적에 대한 정보를 수집하는 것이 그가 할 일이었다. 북한군의 방어태세에 관한 정보는 상륙작전을 성공하기 위해서 반드시 알아내야 했다.

공작요원들은 배를 타고 부산 자갈치 시장을 출발했다. 극비의 임무였던 만큼 대원들은 가족에게도 알리지 않고 떠났다.

배가 목적지인 영흥도 근해에 이르렀다. 정보국장은 그때서야 비로소 공작요원들에게 출동 목적과 임무를 알려줬다. 비밀유지가 그만큼 중요했기 때문이다.

공작요원들은 북한군 복장으로 위장하고 북한 무기

와 화폐를 소지한 다음 밤을 틈타 인천 해안에 상륙하여 시내로 잠입했다.

그들은 서울과 수원 등지를 자유로이 왕래하면서 적의 병력과 장비·진지 등의 중요한 군사 기밀들을 탐지해 냈다.

이렇게 수집된 정보는 영흥도에 와 있는 미국 정보장교를 통해 맥아더 사령부로 보고됐다.

9월 14일, 인천상륙작전 하루 전에 맥아더 사령부는 영흥도에 있던 공작부대에 "모든 임무를 끝내고 철수하라"는 명령을 내렸다.

손원일은 미국 고문관에게 인천상륙작전이 성공한 후 서울탈환작전을 펼 때는 한국 해병대가 앞장설 수 있도록 맥아더 사령관에게 건의해 줄 것을 부탁했다. 미국 고문관은 그렇게 하겠다고 약속했다.

인천상륙작전에 참가하는 한국 해군 함정은 손원일이 미국에서 사 온 구잠함 4척을 비롯해 총 15척이었다. 한편 상륙군으로는 한국 해병대 1개 연대가 참가하게 됐다. 이 외에도 한국 육군 1개 연대가 상륙군으로 선정되었다.

해군 영흥도 전적비(1992년 12월 2일, 인천시 옹진군 영흥면 내리)
출처 : 오진근임성채, 『해군 창설의 주역 손원일 제독(상)』, 366쪽

부산으로 이동한 한국 해병대는 철모에서부터 군복·군화·양말까지 모든 것을 미국 해병대와 똑같이 받았고, 병기도 새롭게 신형 소총(M1)을 받았다.

손원일은 인천상륙작전에 자신이 직접 참가하겠다고 주장했다. 맥아더 사령관도 이에 동의했다. 이러한 결정은 작전의 중요성을 고려해 한국 해군 총참모장의 조언과 협조가 필요하다고 판단했기 때문이었다.[8)]

9월 12일, 출동 하루 전 날이었다.

손원일은 그 날 밤늦게 오랜만에 부산의 임시 숙소에 들렀다. 먼저 어머니의 방으로 갔다. 그는 어머니에게 큰절을 올린 다음 무릎을 꿇고 작별 인사를 했다.

"어머님, 오랫동안 못 뵈올 것 같습니다. 영영 못 뵈올지도 모르겠습니다. 소자는 지금 나라를 위해 전쟁터로 가려고 합니다. 제 걱정은 마시고 만수무강하십시오."

"나라를 위해 죽으러 간다는데 내가 어찌 막을 수 있겠느냐! 꼭 네 아버지 같구나."

어머니는 손원일의 얼굴만 쳐다볼 뿐 더 이상 말이 없었다.

어머니에게 다시 한 번 인사를 한 뒤 손원일은 아내 방으로 갔다. 그는 보통 때보다 좀 더 다정스럽게 웃으며 아내에게 말했다.

"중요한 회의가 있어서 며칠 동안 못 들어올지도 몰라. 그러니 아이들 데리고 잘 지내도록 해요."

---

8) 국방부 전사편찬위원회 편, 『인천상륙작전』, 119쪽.

그리고는 곧장 집을 나섰다.

아내 홍은혜는 지금도 "남편이 그때 정말로 회의 때문에 며칠 동안 못 들어오는 줄 알았다"고 회상한다.

한국 해병대는 9월 12일에 미국 수송함에 올라탔고, 손원일과 해병대는 다음날 부산항을 출발했다.

9월 14일, 맥아더 원수가 타고 있는 기함을 포함한 모든 상륙기동함대가 인천 근해에 모였다. 함대는 한국 해군 함정을 비롯해 모두 261척으로 이루어졌다. 인천 앞바다는 온갖 군함들로 빽빽이 메워진 듯 했다.[9)]

1950년 9월 15일 새벽, 인천 앞바다에는 비가 내리고 있었다. 이윽고 상륙을 눈앞에 두고 함포들은 천지를 뒤흔드는 듯한 포성을 내뿜으며 해안을 불바다로 만들었다.

상륙은 오전 6시에 미국 해병대가 월미도의 해안으로 진격함으로써 시작됐다. 이어서 한국 해병대도 인천시 북서쪽 해안에 상륙했다.

---

9) 정일권, 『전쟁과 휴전』, 131쪽.

인천상륙작전 때 미국 수송함 함교에서(왼쪽이 손원일 제독)
출처 : 해군본부, 『바다로 세계로-사진으로 본 해군50년사-』, 49쪽

손원일은 한국 해병대가 수송선에서 상륙주정으로 옮겨 타는 것을 보는 순간 도저히 가만히 있을 수 없었다. 그는 적에게 빼앗겼던 땅과 자유를 되찾으러 달려가는 해병 용사들과 끝까지 함께해야겠다고 결심하고 상륙주정으로 뛰어내렸다.

인천상륙작전에서 손원일은 작전 지휘 계통상 한국

해군과 해병대를 직접 지휘할 수는 없었지만 수도 탈환을 위한 최전선에서 한국 해병대와 함께했다.[10)]

서울을 되찾은 후에 손원일은 알고 지내던 사람에게 인천상륙작전 때의 심정을 이렇게 표현했다.

“배 안에만 있을 수가 없습디다. 딴 생각은 전혀 안 나고, 한시라도 빨리 서울을 탈환해야만 서울 시민들의 고생과 희생을 줄일 수 있을 거라는 생각뿐입디다. 우리는 서울을 향해서 마치 화살처럼 달려갔습니다.”[11)]

노도와 같이 진격하는 상륙군의 한가운데에는 해병대 얼룩무늬 전투복에 철모를 눌러쓰고 안경을 낀 41세 중년의 해군 총수가 있었다. 그는 20세 전후의 새파란 젊은 해병용사들과 함께 최전선에서 적진을 향해 달리고 또 달렸다.

상륙 첫날 손원일은 해병대원들과 함께 부둣가 참호 속에서 밤을 보냈다. 그날 미국 해병대와 그리고 한국 해병대로 이루어진 상륙군은 가벼운 피해만으로 2000여 명에 이르는 적을 소탕했다.

---

10) 국방부전사편찬위원회 편, 『인천상륙작전』, 171쪽.

11) 정일권, 『전쟁과 휴전』, 143-144쪽.

상륙 이튿날 한국 해병대는 잿더미로 변한 인천 시가지를 벗어났다.[12)]

9월 17일, 한국 해병대는 부평에서 북한군과 첫 전투를 벌였다. 손원일은 해병대사령관과 함께 옆에 있는 미국 해병연대 지휘소를 찾아갔다. 한국 해병대의 공격 진로를 협의하기 위해서였다. 그 지휘소에서 손원일은 맥아더 원수를 만나 처음으로 인사를 나누었다.

손원일은 맥아더에게 "곧 펼칠 서울탈환작전에 저희 한국 해병대가 앞장서도록 해 주십시오"라고 요청하여 승낙을 받았다.

인천에 상륙한 이후 한국 해병들이 지녀온 한결같은 바람은 수도 탈환의 선봉에 선다는 것이었다. 이 일은 해병들의 사기와도 곧바로 이어지고 있었다. 해병대와 함께 행동해 온 손원일의 심정도 해병대 장병들의 그것과 조금도 다를 바가 없었다.[13)]

미군 탱크를 앞세운 진격은 계속됐다. 손원일은 계속적인 전진을 독려했다. 그는 공산당의 잔학상을 잘

12) 오진근·임성채, 『해군 창설의 주역 손원일 제독(상)』, 353-374쪽.
13) 국방부전사편찬위원회 편, 『인천상륙작전』, 144쪽.

알고 있었기 때문에 시간이 흐르면 흐를수록 서울 시민들의 피해가 늘어날 것을 염려했다. 뿐만 아니라 한국 해병대가 서울을 빨리 점령해야 미군의 서울시가지 폭격계획을 취소시킬 수 있을 것으로 생각했다.

서울 탈환 전투에 참가한 한국군 중 최고 지휘관이었던 손원일은 서울 시가지에 대한 미군의 폭격을 막아 보려고 무진 애를 썼다. 서울 시내로 들어가는 행진이 늦추어지자 미군 측에서는 서울역 일대의 적을 폭격하겠다고 했다. 그때마다 손원일은 미국 공군의 폭격을 막기 위해서는 신빙성 있는 정보가 필요하다는 생각에서 직접 적의 상황을 살핀 후 이를 미군 측에 알리곤 했다.

손원일은 해병대 지휘관들에게 특별히 강조했다.

"포로들을 함부로 죽이지 말고 부역자들은 반드시 경찰에 넘기도록 하라"

해병대 장병들은 그 지시에 충실히 따랐다. 이러한 원칙은 전쟁기간 중 계속 지켜졌다. 서울 탈환 전투에 참가했던 한 해병대 지휘관은 "전쟁이 끝난 지 50년도 넘은 오늘날까지 해병대와 연관된 양민학살 문제가 단

한 건도 터지지 않는 것은 이런 원칙을 세우고 그대로 실행한 때문이다"라고 술회했다.[14)]

공산군에 협력한 부역자 400명이 해군에 넘겨진 적이 있었다. 손원일은 그들을 해군 공창에서 합숙시키며 일하게 했다. 얼마 후 그들을 총살하겠으니 다시 인계해 달라는 요구를 손원일은 단호히 거절했다. 손원일은 이들을 한 사람 한 사람 관심을 갖고 지켜보았다. 이들은 살기 위해 잠시 북한군에 협력한 것뿐이며, 자신들의 잘못을 후회하고 뉘우치는 빛이 역력했다.

손원일은 그들을 한 사람도 죽이지 않고 모두 살려 보냈다. 이는 국민을 사랑하고 생명의 존엄성을 귀중히 여긴 그의 성품에서 비롯된 일이었다.[15)]

손원일은 서울탈환작전에서 몇 차례나 죽을 고비를 넘겼다. 그는 신문에 연재한 자신의 회고록에서 "서울탈환작전 중에 죽을 고비를 모두 4차례나 넘겼다"고 했다.

1950년 9월 27일, 우리 해병대는 중앙청에 태극기를 높이 올리므로서 드디어 서울을 탈환했다.

---

14) 오진근·임성채, 『해군 창설의 주역 손원일 제독(하)』, 383-384쪽.

15) 홍은혜, 『우리들은 이 바다 위해』, 160-161쪽.

서울을 탈환하고 중앙청에 태극기를 게양하는 한국 해병대원
출처 : 해군본부, 『바다로 세계로-사진으로 본 해군50년사-』, 55쪽

서울에 들어간 손원일은 서울탈환작전에 참전한 국군의 최고 지휘관으로서 9월 28일 서울시민들에게 알

리는 포고문을 발표했다. 수도 서울을 되찾았다는 내용이었다.

전쟁의 상처로 처참해진 서울의 모습을 보는 손원일의 가슴은 참담했다. 특히 북쪽으로 달아나면서 동포들을 무자비하게 죽인 공산군의 만행에 치를 떨었다. 손원일은 국민들의 무고한 주검을 보면서 그대로 있을 수가 없었다. 그래서 포고령에 부역자에 대한 내용을 추가했다.

"공산군에 협력한 사람이라도 이북으로 도망가지 않은 사람은 함부로 죽이지 말라."

손원일은 포고령을 발표한 뒤 곧장 부산으로 내려갔다. 이승만 대통령에게 서울 탈환을 보고하기 위해서였다. 그가 경남도지사 관사에 도착했을 때는 국무회의가 거의 끝나가고 있었다. 손원일은 대통령에게 인천상륙과 서울탈환작전의 전투경과를 보고했다. 이에 덧붙여 그는 "부역자에 대한 처벌에는 신중해야 합니다"고 강조했다. 그 말에 대통령은 납득이 안 간다는 표정이었다. 손원일은 "비록 적에게 협조한 사람이라도 적의 총부리 앞에서 살기 위해 어쩔 수 없이 협조한 사람은 정상을 참작해 줘야 합니다"고 말했다. 그러자 대통령은 수긍한다는 뜻으로 고개를 끄덕이더니 내무부장관과 국방부장관에게 특별히 지시했다.[16)]

"애드미럴 손의 얘기대로 해야 합네다. 이것은 매우 중요한 얘기입네다. 부역자라고 해서 함부로 죽여서는 아니 됩네다."

마침내 9월 28일, 중앙청에서 환도식이 있었다. 우리 해병대는 서둘러 행사를 준비했다. 환도식에는 이승만 대통령과 정부요인, 주한외교사절, 맥아더 장군 등이 참석했다. 이 행사는 그동안 적의 점령 하에 있던 수도 서울을 다시금 대한민국 국민에게 인도한다는 뜻 깊은 기념식이었다. 아울러 전 세계에 유엔군의 인천상륙작전 성공을 알리는 행사이기도 했다.[17)]

---

16) 손원일, 「나의 이력서(45회)」,『한국일보』, 1976년 12월 5일.

17) 오진근·임성채,『해군 창설의 주역 손원일 제독(하)』, 385-389쪽.

맺음말

인천상륙작전 이후에도 6·25 전쟁은 3년 동안이나 계속되었다.

전쟁 중 미국은 한국 해군의 전투력을 높이기 위해 호위함(PF) 2척을 한국 해군에 넘겨주었다.

손원일은 6·25 전쟁이 일어나기 전 미국에서 전투함을 사러 다닐 때, 그토록 갖고 싶어 했던 호위함을 미국으로부터 받으며 매우 기뻐했다. 이후 호위함을 비롯하여 전쟁 중 미국으로부터 받은 함정은 수십 척이나 되었다. 이러한 도움을 받게 된 데에는 손원일의 노력이 매우 컸다.

1953년 6월 30일, 손원일은 제5대 국방부장관에 임명됐다. 장관으로 임명되기 전까지 그는 7년 반 동안 대한민국 해군의 건설에 자신의 모든 힘과 능력을 쏟아 부었다.

손원일이 장관이 되고 두 달 뒤인 7월 27일, 휴전협정이 맺어지고 전쟁이 멈췄다. 그는 국방부장관으로서

진해 해군기지 내에 설치된 손원일 제독 동상(필자 촬영)

자신이 해야 할 일은 강력한 국군을 만들어야 한다고 믿었다. 그러나 우리의 국력이 너무나 보잘것없으므로 미국의 도움이 절실하게 필요했다.

손원일은 3년 동안 국방부장관으로 있으면서 미국으로부터 군사원조를 받기 위해 많은 노력을 기울였다. 그의 노력 덕분에 우리 국군은 크게 발전할 수 있었다.

1960년, 초대 주서독대사의 임기를 끝으로 손원일은 공직생활을 마쳤다.

1980년 2월 15일, 손원일은 가족들이 지켜보는 가운데 71세의 나이로 조용히 눈을 감았다. 장례식은 청명한 날씨 속에서 해군장으로 진행되었다. 장례식장에는 손원일이 아내 홍은혜와 같이 만든 군가 '바다로 가자'가 울려 퍼졌다.

손원일은 서울 국립묘지에 묻혔다. 그는 나라와 국민을 사랑하며 명예로운 신사해군으로, 진정한 대장부로 깨끗이 살았다. 그는 우리에게 사람은 이렇게 살다가는 것이란 것을 말없이 보여주었다.

손원일,

그는 대한민국 해군의 아버지이다.

손원일 연표

1909(1세) • 평안남도 강서군에서 손정도 목사의 장남으로 태어남.

1914(5세) • 서울로 이사함.

1917(8세) • 서울 영신소학교에 입학함.

1918(9세) • 평양으로 이사함.

1919(10세) • 평양 광성소학교 2학년에 편입함.

• 평양에서 3 · 1만세운동에 참가함.

1921(12세) • 만주의 지린으로 이사함.

1925(16세) • 지린 원광중학교를 졸업함.

1930(21세) • 중국 상하이 중앙대학교 항해과를 졸업함.

• 독일 아메리카라인 회사의 상선 하벤슈타인호 사관으로 승선함.

1931(22세) • 1만 5,000톤급 여객선 람세스호 사관으로 승선함.

1933(24세) • 중국 국영회사 자오상귀의 연안 화객선 부선장 겸 항해사로 승선함.

1934(25세) • 휴가를 내어 서울의 큰 누나를 방문하기 위해 귀국함.

• 독립운동 혐의로 일본 경찰에 붙잡혀 2개월 간 고문 및 강금 당함.

1939(30세) • 홍은혜와 결혼함.

1940(31세) • 무역회사 동화양행의 상하이 지사장이 됨.

1945(36세) • 서울에 잠시 들르기 위해 귀국 도중 만주 펑톈에서 해방을 맞음.

• 대한민국 해군의 모체인 해방병단을 창설하고 단장이 됨.

1946(37세) • 해군병학교(해군사관학교)를 창설하고 초대 교장이 됨.

• 조선해안경비대 총사령관이 됨.

1947(38세) • 대령으로 승진함.

1948(39세) • 준장으로 승진하고 초대 해군총참모장(해군참모총장)이 됨.

1949(40세) • 소장으로 승진하고 해병대를 창설함.

• 전투함 백두산함을 구입하기 위해 미국에 감.

1950(41세) • 전투함 3척을 추가로 구입하여 거느리고 귀국함.

• 6·25 전쟁 중 인천상륙작전과 서울탈환작전에 국군의 최고 지휘관으로 참전함.

1952(43세) • 중장으로 승진함.

1953(44세) • 해군총참모장에서 물러나 제5대 국방부장관이 됨.

1956(47세) • 국방부장관에서 물러남.

1957(48세) • 초대 주서독공사 및 대사가 됨.

1960(51세) • 주서독대사에서 물러남.

1966(57세) • 제12차 아시아반공연맹 한국대표로 활약함.

1972(63세) • 제7대 한국반공연맹 이사장이 됨.

1974(65세) • 한국반공연맹 이사장에서 물러남.

1980(71세) • 병으로 세상을 떠나 서울 동작동의 국립묘지에 묻힘.

참고문헌

국방군사연구소 편, 『건군50년사』, 국방부, 1998.

국방부군사편찬연구소 편, 『건군사』, 국방부, 2002.

국방부전사편찬위원회 편, 『국방사(1945.8-1950.6)』, 국방부, 1984.

국방부전사편찬위원회 편, 『국방사(1950.6-1961.5)』, 국방부, 1987.

국방부전사편찬위원회 편, 『인천상륙작전』, 국방부, 1983.

권주혁, 『바다여, 그 말하라!』, 도서출판 중앙, 2003.

김재승, 『한국근대해군창설사』, 도서출판 혜안, 2000.

김재승, 『진해고등해원양성소 교사』, 도서출판 혜안, 2001.

김창수·김승일, 『해석 손정도의 생애와 사상 연구』, 넥서스, 1999.

손원일, 『나의 이력서』, 한국일보, 1976.

오진근·임성채, 『해군 창설의 주역 손원일 제독(상·하)』, 한국해양전략연구소, 2006.

장학근, 『조선시대 해양방위사 연구』, 해군사관학교, 1987.

정일권, 『전쟁과 휴전』, 동아일보사, 1985.

진해시사편찬위원회 편, 『진해시사』, 진해시, 1995.

최영섭, 『6·25 바다의 전우들』, 세창미디어, 2013.

한영우, 『다시찾는 우리역사』, 경세원, 1998.
한용원, 『창군』, 박영사, 1984.
해군대학 편, 『한국해전사』, 해군대학, 2000.
해군본부 군사연구실 편, 『바다로 세계로-사진으로 본 해군 50년사(1945-1995)』, 해군본부, 1995.
해군본부 군사연구실 편, 『해군일화집 제4집』, 해군본부, 1993.
해군본부 군사연구실 편, 『해군일화집 제5집』, 해군본부 , 1997.
해군본부 전사편찬관실 편, 『대한민국해군사 작전편 제1집』, 해군본부, 1954.
해군본부 전사편찬관실 편, 『대한민국해군사 행정편 제1집』, 해군본부, 1954.
해군본부 정훈감실 편, 『해군일화집 제1집』, 해군본부, 1964.
해군본부 정훈감실 편, 『해군일화집 제2집』, 해군본부, 1967.
해군본부 정훈감실 편, 『해군일화집 제3집』, 해군본부, 1977.
해군사관학교 편, 『대한민국해군사관학교 50년사』, 해군사관학교, 1996.
해군사관학교 박물관 편, 『박물관도록』, 해군사관학교, 1997.
해군사관학교 박물관 편, 『탄신 100주년 손원일 제독 특별전 도록』, 해군사관학교, 2009.
홍은혜, 『우리들은 이 바다 위해』, 가인기획, 1990.